U0903566

应用 2：差异化——不同
落地（1）：卖——租
落地（2）：所有权——使用权
落地（3）：收费——“免费”

《创新式增长》策略班
应用2：差异化——不同
落地（2）：所有权——使用权
落地（3）：收费——“免费”
525

老板必学的18种现金流模式

王 冲◎著

中国商业出版社

图书在版编目（CIP）数据

老板必学的18种现金流模式 / 王冲著. --北京：中国商业出版社, 2024.6

ISBN 978-7-5208-2916-8

Ⅰ. ①老… Ⅱ. ①王… Ⅲ. ①企业管理—现金管理 Ⅳ. ①F275.1

中国国家版本馆CIP数据核字(2024)第099782号

责任编辑：杨善红

策划编辑：刘万庆

中国商业出版社出版发行

（www.zgsycb.com 100053 北京广安门内报国寺 1 号）

总编室：010-63180647　编辑室：010-83118925

发行部：010-83120835/8286

新华书店经销

香河县宏润印刷有限公司印刷

*

710 毫米 ×1000 毫米　16 开　15 印张　190 千字

2024 年 6 月第 1 版　2024 年 6 月第 1 次印刷

定价：99.00 元

* * * *

前言

本书以通俗的语言来讲述企业现金流管理。企业从业务到回款的全流程，是老板必须紧盯的“一亩三分地”，一旦松懈，三杯酒下肚，忘了现金流管理纪律，劣质客户做多了，企业就会出现大面积坏账，现金枯竭，被“三角债”活活拖死。

商业寒冬的时候，拥有持续现金流的企业就是市场赢家。企业暂时没有业绩不一定倒闭，暂时没有利润也不一定倒闭，但没有现金流公司就一定会倒闭，老板要抓的核心就是持续现金流，只要有现金流就有机会，熬死竞争对手，所有的市场和利润都是你的。

现金流对于企业，相当于人呼吸空气中的氧气，因此，在老板的经营管理过程之中，现金流管理是绝对需要前置的关键领域。错误选择客户，失去商业原则，活钱变死钱，是经营的禁忌；设计商业模式，死钱变成活钱，需要更好的、巧妙的现金流模式来支撑。现在是资本过剩的时代，中国企业最不缺的是钱，中国企业最缺的是设计“聚金工具”的人，老板要学会设计自己的“聚金工具”。

本书谈及的 18 种企业“聚金工具”，可以单独借鉴使用，也可以综合创造使用，案例通俗易懂，对于处于现金流窘境的老板或者创业者，拿起来就能够用。经营常识、忠告和现金流“聚金工具”，本书一起打包给到读者！保证看得懂，上手干，从此不缺现金流。

本书聚焦于解决企业的最大痛点问题，着重于以现金流为核心的企业整体经营风险管理，上规模、上利润、上新项目，都必须以解决现金流为第一要务。有永续经营经验的老板懂得其中的道理。我只跟老板们下一句断语："经营自己的公司，要明白现金流比利润重要一万倍。"

现金流管理是一个资本组合、手段组合和工具组合，需要多管齐下。老板要懂得一般资本运作，懂得投融资行为是企业常态的工作，经营和融资是配称行为，因为融资就是做离钱最近的事情，沉淀在自己手里的现金，现金成池，不管是谁的，都是过冬的粮食。有限责任和股权融资模式、投融资共同的增值行动和金融估值杠杆等，要学会用，用得好。财富本身没有好坏，没有性格，运作得好，任何财富都可以实现正面价值，成为正面财富。拿别人的资助做大做强自己的生意，获得资源分配来推动特定领域的增长，是资本补贴的核心。企业的发展预期，可以在融资过程之中，带来现金流。

本书中，经营层面的现金流模式，是一连串的手段和方法论，实现前置现金流是稳定经营的诀窍。不要小看会员制、预付款、押金、促销卡等这些现金流工具，世界级企业都在用！这不仅获得现金流，还在获得客户的忠诚和私域流量。在产品层面上，我的忠告是："现金解千愁，所有老板面临的痛苦都能被爆品治愈。"力量要在少数优势产品上聚焦，一次打爆，实现超额现金流。爆品、免费和低利润结合，免费其实不免费，是一种互联网的逆向思维，"免费"做引流，才能赚后面的钱，实现高利润。

在全球市场产品过剩的情况之下，如果把产品当成项目运作，就能稳赚。用场景和解决方案来包裹产品，一起获得高利润的现金流模式，产品变成项目，就可以执行招商模式和裂变模式，将客户发展成为事业合伙人，以众人之财力和智力共同经营一份事业。

老板无论有多少产业，都必须记住做产业规划，用低利润的行业做现金流，用现金流去创造高利润。产业链也是现金链，老板要学会从前端往后端走，赚别人看不到的钱，老板的思路要从简单的产品上升到产业链，不要只看到产品本身。善于做产业链的老板能够做到全产业链现金流的中转站。

企业有了现金流，对于整个企业团队的信心是一种加持，老板在稳定经营的情况下，可以回到管理和经营本身，降低运营成本，企业掌握了成本，才是经营真相，企业就可以用自己的成本去更好地打击竞争对手。同时，合理合规避税，不能让宝贵的现金流流失，开源节流永远在路上。

序 言

老板要做离现金最近的事

现金流不仅是财务领域的一个核心概念，对企业老板来说，理解得越深入，越能把握企业的生存与发展之脉。这几年能活下来的创业者多半都是现金流好，业绩好坏并不太重要。

前几天我遇到了一个做园林景观设计的老板，闲谈一番后，我了解到，他的公司已经走到生死存亡的十字路口，不仅发不出工资，还从银行做了三次抵押贷款，贷款马上就要逾期了。摆在他面前的共有三个方案：一是继续咬牙坚持，因为公司表面上是盈利的，账面上还有 1000 多万元利润，只是暂时要不回来；二是换个方向发展，说不定就能“柳暗花明又一村”；三是关门，及时止损。欠款一般都不容易要回来，倒不如把人解散了，先止损，然后再想办法。

最终，他选了第二个方案。因为当时正好有人找他，想合开一家工程公司，有项目，有资源，虽然没钱，但底下的包工头可以先垫资，他只要把摊子支起来即可。说白了，其实就是空手套白狼，赚个倒手钱。

这个办法确实可行，但他连开公司的启动资金都没有，只能拿出部分新公司股权，向老公司的中高层融资……

听到这儿，我知道他已经被债务彻底压垮，开始出错误了。

先不说新公司能不能运作起来，如果你是这家公司的员工，多半都会觉得老板是穷疯了！越这样做，人心越涣散，即使公司有机会翻身，也会黄掉。而新摊子，根本没戏，要是有利润可图，人家找你干吗？自己连欠款都要不回来，还折腾啥工程！

其实，如果不是债务问题，他百分之百不会搞新项目，因为人在负债的情况下，心智一般都很不稳定，很容易干些事后自己都想抽嘴巴的事。

这几年，遇到朋友创业，我都会送他们一句忠告，现金流大于天，不要在饿肚子的时候做任何决定！尤其在创业前期，千万不要给自己“画饼”，一上来就谈规模，谈星辰大海。

当下，利润第一，现金为王！掌握了现金流，也就握住了透视公司财务状况的魔镜，可以洞察企业内部的血液流动；不仅能了解企业当前的健康状态，还能预示未来的盈利潜力与潜在风险。在此基础上，老板就能做出更为明智、稳健的财务决策，引领企业走向光明的未来。

那么，究竟如何才能保证公司有现金流？

现金流是企业在一定会计期间内，现金及现金等价物的流入和流出情况，是评价企业资金状况的重要指标。企业现金流管理水平决定着企业的生死存亡。

在日益激烈的市场竞争环境下，企业面临的生存环境复杂多变，老板必须努力提升现金的管理水平，合理地控制风险，提升整体资金的利用率，从而促进企业的发展。忽视了现金管理，导致现金短缺，就会使企业内部财务难以为继，企业也就无法再谈可持续发展了。

诞生于安徽合肥的“呆萝卜”，以生鲜电商起家，通过“线上定线下取，今日定明日取”的经营模式精准锁定社区配送领域，赢得了第一拨的生鲜电商福利，线下门店有1000多家，拿到了6亿元的融资。但出人意料的是，该品牌因为自身不健康的现金流死掉了。老板觉得自己拿到了融资，不缺钱，疯狂烧钱，上线大量补贴产品，线下招商团队大量贪污，不仅亏损严重，还外债不断，即使获得了短暂的盈利，也无法活下去。因为，对于生鲜行业而言，资金意味着一切，当资本无法续“血液”时，最终会走向破产。

“现金为王”的背景下，现金流比利润更重要，老板要做离钱最近的事情。只有拥有良好的现金流，企业才能抵御市场风险，如此，如何管控企业的现金流？也就成了企业老板经营公司的必备技能！

目 录

4. 不动产变现现金流模式 / 41

5. “免费”现金流模式 / 57

6. 卖项目现金流模式 / 67

7. 押金、保证金现金流模式 / 81

8. 预付费现金流模式 / 93

1. 聚金工具现金流模式

中国企业最缺的是设计聚金工具的人，老板要学会设计自己的聚金工具。

——王冲

会员卡聚金，一招解决企业现金流

经典案例

会员卡是当下最好的聚金工具，门店只要使用充卡的方法，顾客百分之百会充卡，没有一个能逃脱，企业通过充卡法能获得巨大的现金流。

如果这里有100朵玫瑰花，让你选一朵最漂亮的，你知不知道该选哪一朵？这些花都很漂亮，你多半选不出来。但如果这里有99朵百合，1朵玫瑰，让你把玫瑰选出来，你一定能选出来。

传统门店是怎么设计会员卡的？比如，电梯等很多地方都出现了这种充卡的方法，他说："充1000元送200元""充3000元送800元""充1万元送3500元"这种卡现在却不能再充了。

下面我来给大家讲一个现代的充卡方法。

第一个方案是充1000元送200元，第二个方案是充3000元送3000元，第三个是充1万送1万。

如果这家餐厅不错，方案也不错，你想在这家餐厅持续消费又有优惠和折扣，你会相中哪个方案？方法是充第二个。

为什么充第二个？钱虽然充得不多，但享受的折扣优惠最大。你没有必要充1万元，用完了3000元，继续再充3000元就可以了。

这里，两个都是绿叶，中间这个是红花，要用这两个绿叶把红花衬托出来。所以，报价的时候，做方案的时候，一定要用两个假的方案来衬托那一个真的方案，让顾客一下子就选中那个真的方案。客户一眼就觉得这个方案比较好，为什么比较好？因为有两个来做比较。

有比较，才会选出好的，这就叫比较好。

很多制造业老板的脑袋太难转过来，他过去都是多少货卖多少钱、给多少订单。

我告诉他们，让他们充100万元给150万元的积分，然后再用积分来消费。

他说，我真的不知道怎么玩。

我说，只有这样，对方才会把100万元掏出来。你不这么做，那100万元就出不来。不是人家不给钱，也不是人家拖着你，是你没有给人家一个付100万元的充分理由。

不要小看这个充卡！充卡的作用很多，比如，企业没有打折，企业获得了源源不断的现金流，还可以起到锁客的作用。你看不懂不代表里面没有玄机，任何一个能够真正操作落地的方案，都能给企业带来价值，给老板带来现金流。

模式分析

设计一套聚金工具，运用这个工具能轻而易举地获得大量现金流，会员卡、拉卡拉、共享单车都是最好的聚金工具，并且威力巨大，都是百亿级体量，为企业带来巨量的现金流。

“支付宝收款、微信收款……”对于我们这些习惯了出门不带钱包只带手机的人来说，是熟悉得不能再熟悉的了。众所周知，如今的移动支付市场中支付宝、微信占据着90%以上的市场份额。

如果把时间倒退回数年前，移动支付尚未火爆之时，坐在冠军王座的并不是支付宝和微信，却是另有其人。它就是拉卡拉。拉卡拉当时是最好的聚金工具，建立起了巨大的资金池，是聚金工具的奠基者。

接下来的共享单车，无论小黄车或小蓝车从金融的本质来讲，都是一个聚金的工具。它就是在建立资金池，拿着个单车工具，你看每一辆单车每个人要骑的时候先要扫描，如果第一次扫描，它需要你交一个押金，押金也不多，它只需要让你交299元的押金，相对来说很便宜，我们就交了，交了以后每次使用的时候5角或者1元钱，最关键的问题就在于一辆单车可以同时接受多个人的押金。可能一辆单车至少有几十个人给交过押金，因为你只要停在那，下一个人要扫的时候，它直接就把押金交进去了，所以一辆单车可能生产的价格夸张点说5000元，那么如果有30个人给它交款就变成了将近9000元，远远大于它的生产成本和维护成本，资金池已经把它原来的所有的成本全部收回来了。

随着时代的发展，新的商业模式快速迭代，对于企业或实体店来说，最有效、最简单的操作模式，其实就是充值会员卡的模式。

会员卡设计的初衷，是使消费者通过拥有会员卡，获得一种与普通消费者在消费过程中的差异，其最大的心理暗示就是使消费者通过对商家的忠诚，获得一种平时享受不到的贵宾般感觉。消费者只要办理了会员，就能享受折扣，相比普通消费者，会员自然更有吸引力。

为了激励会员的参与热情，可以设置不同的会员级别，不同的级别对应不同的折扣。

作者点评 »

时代在变，商业模式也在变，会员制的玩法也在变。对于企业来说，最关心、最受困扰的就是客户问题，其实客户来了之后，要如何成交？成交之后如何再次让客户消费？最后如何让客户推荐给他的周围人？会员模式对企业来说非常重要，如何设计会员模式？老板一定要设计一套适合自己企业的会员卡，成为企业源源不断的聚金工具。

多点聚金，打造现金流聚金系统

经典案例一

我有一个学生开着一家KTV，我给他设计了一个“充值499元，来我KTV全年免费喝啤酒”的活动，只用了一个半月的时间，整个县城就办了7200张卡。你来我这儿喝酒，我还怕你下面的钱掏不出来吗？我怕的是你不来。你只要来了，我就有办法。如此，自然就将前端最赚钱的酒让出来了。

KTV有三个地方可以赚钱：第一赚酒钱，第二赚订包房钱，第三赚服务员的小费和零食钱。我的价值就体现在这儿，帮他设计了收入四和收入五，最后把收入让掉，啤酒的钱自然就可以不要了。过去一瓶啤酒可以赚3～5元，这也是啤酒很重要的利润。我问他，你敢不敢把啤酒亏钱卖？如果敢，当地所有的KTV都要倒掉。

经典案例二

福建三明有一位做瑜伽的老板，我帮他设计得非常简单：卡3800元一张，然后让你占尽便宜。怎么占便宜？连续来我这里体验20次瑜伽，我就把你交的3800元都退给你。

他当时不愿意、不接受，说我就是个教瑜伽的，我靠学费赚钱，全退了，我怎么赚？

我说，你有没有思考你赚的另外一个东西？

他问，我赚啥了？

我说，你赚到了服务他20次的机会。在这20次机会中，每天拉来拉去的，弯腰的、劈腿的，收一点钱，很难吗？

经典案例三

我还帮一个杭州的健身馆设计了这样一个方案：交纳3800元加入会员，可以健身26次，健身第一次退100元，健身第二次退150元，健身第三次退200元，健身第四次退240元，健身第五次退……只要会员来一次，就退一次钱；会员练完26次，3800元都是他的。

卡办完了，会员就要去健身，健身完第一次可以得100元，第二次可以得150元。看到瑜伽馆说到做到，服务也不错，每次健身都很努力，会员就会很感动，觉得这家店服务好、品质好，心里就会想："他到底在干啥？"其实人家啥也没干，当会员去参与第五六次的时候，就会发现前面有几个教练的肌肉感很强。

模式分析

现在用户都很精明，当你吸引了他们的眼球后，就要找到低成本高价值的赠品，让用户相信你的产品。

不管你是什么样的店、卖的什么产品，都很难把产品一次性大批量卖出去，尤其是产品价格比较高或需要教育的产品。但是，如果卖会员资格，就能降低前端的销售门槛，提高成交转化率。把前端的入口做大，整个生意就不会由前面不能够成交而堵在那里。

销售主营产品的时候，往往都有一定的市场培育周期，但销售会员资格却不需要进行市场培育。因为会员卡是精心设计的一个爆品，价格比较低，优惠力度大，送的都是高价值、高诱惑的刚需产品，可以激发消费者快速产生购买行为，从而实现批量销售。

按照传统开店卖产品的方式，只能赚产品的差价，很难获得跟更多的目标客户服务和接触的机会。销售低门槛的会员资格，就能在极短的时间内获得大量的目标客户，获得后续跟进和销售的机会，放大门店的受众对象基数，激活潜在客户的购买欲望，赚的是你看不到的钱。

记住，不要图前面的钱，要想办法赚后面的钱。

作者点评»

卖会员其实是通过无法抗拒的成交主张让消费者成为会员，锁定他们的后续购买产品享受特权待遇的资格，在前端快速构建庞大的会员基数，然后在后端嫁接更多的产品和服务，从而形成一个现金流聚金系统。在拥有了大量的会员基数的前提下，也就拥有了整合资源的筹码，就能轻而易举地整合供应链和其他商家资源，不但可以大大降低采购成本，盈利点也会变得更多。

如何通过会员卡控制一个城市的消费

经典案例

这是一家你从来没有见过的超市。它明明不想赚钱，客户却硬给塞钱，随时无条件退货，每种商品只有两三个品牌……就这样非但没有倒闭，还年收入7000亿美元，30多年后成为全球第二大零售商。它就是美国最大的超市——好市多。

在好市多，没有会员卡就不让你结账。当其他商家都在想办法吸引顾客时，它却把部分顾客挡在门外。为什么要会员卡才能买东西？因为整个好市多的利润来自会员制，客户不是在订购商品，而是在订购服务。

好市多3000个SKU（库存的最小单元）只赚10个的钱，其他2990个都不赚钱。正是因为这2990个不赚钱，大量的人才会成为他的会员。有了这些会员，就可以赚会员费，以及那10个的钱。哪10个的钱？牛肉、猪肉、鸡肉等，而这些是它自己的，它已经用自己积累的钱收购了这些屠宰场，收购了养牛的、养猪的、养鸡的，而美国人对肉类消费是刚需，所以它就能把这一块变成暴利。

想想看：是不是今天吃了鸡肉明天就不吃了，是不是今天吃了鸡肉明天就不吃猪肉和牛肉了？人类对猪肉、鸡肉和牛肉是永恒的刚需，这一块是他自己的，其他的一概都不赚钱。所以，普通会员60美元/年，高级会员120美元/年，一年一付，会员总数1.07亿人，美国一共3.2亿人，会员

1.07 亿人，会员比例确实很高。

2020 年好市多的营业额 1630 亿美元，净利润 85 亿美元，其中会员费 64.2 亿美元，会员费占了他总收益的 75%。核心利润都由会员费支付。

好市多的老板确实非常聪明：产品利润超过 7% 要经董事会同意，不允许产品的利润超过 7%，因为不超过 7% 就能维持整个门店的租金、人工和水电的费用，所有的产品都不赚钱，靠赚会员费。

模式分析

会员制是企业实现薄利多销的重要手段之一，也是好市多在形式上与普通超市的主要区别。用户只要预先支付定额会员费成为会员，便可以在一年内享受所有商品的优惠价格，而无须为每个商品单独付费。

这种会员制度可以吸引大量消费者，并增加消费者的忠诚度。通过会员制度，企业就能实现大规模的销售，从而降低每件商品的成本并实现薄利多销。同时，消费者办理了会员，自然会为这部分的成本，优先购买你的产品，只要好市多的产品和服务有优势，会员的续费率和忠诚度自然会很高。

好市多完全站在用户的角度去销售商品，其他所有实体零售商，最终还是要赚取差价的，只有用会员费模式的好市多可以不赚差价，甚至部分商品以亏损的思维出售。

好市多作为仓储会员店模式的典型代表，将自身定位为会员顾客的“受托人”，以经营会员为核心，以客户为中心，为会员用户精心挑选性价比最高的商品，通过持续提供性价比最高的商品，持续吸引海量高黏性付费用户。

作者点评

所有的胜利都是商业模式的胜利！好市多之所以能够在电商冲击中依然保持强劲增长，就是因为其商业模式超越了传统的超市。这种全新的会员制变革，其结果是可复制的，在洞察这背后的逻辑后，找到一条适合自己发展的道路，才是老板最该去做的事。

2. “钱生钱”现金流模式

企业通过银行存款利息、投资股票、债券、基金等金融资产获得的现金流收入。

——王冲

用钱赚钱，大老板都想成为“银行家”

经典案例

在电影《西虹市首富》中，由沈腾担任主角“王多鱼”。

“王多鱼”本是一名技术平平的足球守门员，生活贫困潦倒，住着阴暗的出租屋，窗户的对面是另一间出租屋，没有阳光，更没有面朝大海。为了维持生计，“王多鱼”做过裸体模特，假扮女足运动员……

幸运的是，王多鱼受命运的眷顾，意外继承了二爷爷超过300亿元的财产，但要想得到这笔财产，还有一个前提，就是他得在一个月内花光10亿元。

为了顺利继承遗产，王多鱼开始大量花钱，结果，他不仅没有花掉这些钱，还因此赚了很多钱。

买入夕阳产业的股票，却因请了股神拉菲特共进午餐，吸引股民纷纷入市，让股票价格一路走高。

这部电影实际上揭示了同一个道理，“钱生钱”确实不太难！而且，个人越富有，控制风险的能力就越强。因为当你有足够的钱时，就可以成为自己的银行家，无论如何都能盈利。浙商银行、广发银行、兴业银行、平安银行都有各大公司的股份，当你拥有银行股份时，你还会缺现金流吗？

模式分析

此处的“钱生钱”是指：企业通过银行存款利息、投资股票、债券、基金等资产获得的现金流收入。

有些老板之所以会越来越有钱，是因为他们在拥有了大量的财富和资源之后，并没有成为“守财奴”，而是通过银行存款利息、债券、基金等获得更多的现金流，并让现金转起来，提高了资产的使用效率。

银行存款是一种常见的储蓄方式，不仅能保本，还能获得一笔稳定的收益，作为现金流支出使用，老板们完全可以根据自己的需求选择不同的存期和利率。根据国有银行 2024 年 4 月的最新数据，定期存款的挂牌利率为 3 个月 1.15%、6 个月 1.35%、1 年期 1.45%、2 年期 1.65%、3 年期 1.95%、5 年期 2%。可见，利息确实相当可观。

债券是政府、金融机构、工商企业等机构直接向社会借债筹措资金时，向投资者发行，并承诺按规定利率支付利息，并按约定条件偿还本金的债权债务凭证。关于债券，我们平时听到比较多的当属国债。国债是国家发行的债券，是公认最安全的投资工具，且利息要比银行存款高一些，所以很受欢迎。

债券通常规定有固定的利率，收益比较稳定，风险较小。其收益性主要表现在两个方面：一是可以定期或不定期地带来利息收入；二是可以利用债券价格的变动，买卖债券赚取差额。

黄金投资是一种古老而普遍的财富保值和增值方式，更是企业老板青睐的增加现金流的方式。

随着金融市场的发展，黄金投资的形式也日益多样化，主要的黄金投资方式有积存金、黄金 ETF 或 ETF 联接基金、实物黄金此外还有黄金期货。

积存金是一种由银行提供的黄金投资产品，老板们可以通过定期或主动的方式购买黄金份额并存入积存金账户。这种产品允许投资者以小额资金来购买黄金，并通过定期定额的投资方式来平摊黄金购买成本，老板们可以将持有的积存金份额赎回获取现金，也可以兑换成实物贵金属产品。

黄金 ETF 是一种交易型开放式指数基金，购买黄金 ETF 份额，其实是购买了与黄金价格挂钩的金融产品。在交易所交易，黄金 ETF 具有较高的流动性，可以快速买卖。

实物黄金包括金条、金币、金块等，是最传统的黄金投资形式，老板们可以直接购买并持有这些实物黄金，享受其价值上涨带来的收益。优点在于：具有较高的流动性和普遍接受度，但要考虑存储和保险等额外费用。

黄金期货也被称为“黄金期货合约”，是以黄金为交易对象的期货合同。这种合约载有交易单位、质量等级、期限、最后到期日、报价方式、交割方法、价格变动的最小幅度、每日价格变动的限度等内容。想要购买黄金期货，需在期货公司开立期货账户，在期货公司指定平台上进行交易。需要注意的是，老板们应根据自身的风险承受能力、投资目标和市场情况综合考虑，选择最适合自己的黄金投资方式。

作者点评 »

“钱生钱”的本质就是将钱放在某处，它能自动生钱。有些企业老板之所以能赚大钱，是因为他们把“钱生钱”这招用到了极致。不管是银行存款、购买债券或黄金，都是好的资产增值机会，只要把握机会，就能增加一笔不小的现金流。

买对股票赚对钱，选择大于努力

经典案例

李老板经营着一家酒店，由于地处旅游热门景区，仅用了三年时间就赚到了大笔的财富。有一次机缘巧合，他对股票产生了兴趣，开始尝试买股票。开始时，由于缺少经验，他基本上都是亏，不过由于投入不多，所以最终也没亏多少。

李老板分析了自己投资没有规划的原因，打算通过学习，改变投资方法。他网购了巴菲特的《滚雪球》投资书籍，学到了很多投资知识和投资经验。在这些投资思想的指导下，他对“顾家家居”这只股票产生了好感，因为他们家中使用的家具就是“顾家家居”。

李老板认为，“顾家家居”服务周到细致，竞争能力肯定非同一般，是其他家居公司无法超越的优势，以每股 35 元的价格买入 20000 股“顾家家居”股票，总共投入 70 万元。果不其然，靠着优质的服务质量，“顾家家居”股票的股价不断上涨，在不到一年的时间里，每股便涨到 90 元以上。

在每股 88 元的价位时，李老板果断卖出了手中的全部股票，每股获利 53 元，总获利约 100 万元。

这样的投资成绩是李老板在股市中混迹十几年从来没有过的，之后他改变了自己的投资风格，每天不再忙碌着买进卖出，如果没发现合适的投资机会，他就暂时离开股市，跳出股票圈子，以局外人的身份分析投资过程，同时认真学习巴菲特的投资经验。在不断的自我反省和学习中，李老板逐渐形成了比较成熟的投资风格。

模式分析

股票是由股份有限公司签发的用以证明股东所持股份的凭证。持有股票后，股东不但可参加股东大会，对股份公司的经营决策施加影响，还能享有分红和派息的权利，获得相应的经济利益。通过股票的自由流通，投资者可以赚取差价收益，也被称作资本利得。

股市交易主要通过证券交易所进行，如上海证券交易所、深圳证券交易所等。老板们可以通过证券公司开设股票账户，进行买卖操作。可选的股票种类很多，包括蓝筹股、成长股等，每种股票都有其独特的特点和风险。例如，蓝筹股稳定且具有较高的股息回报，成长股则具有较高的增长潜力和风险。

不过，股票投资要遵守以下四个基本原则：第一，风险与回报的平衡。股票投资会涉及一定的风险，老板们要根据自己的风险承受能力和投资目标平衡风险与回报，制定合理的投资策略。第二，多元化投资。分散投资是降低投资风险的有效手段，因此不要仅投资股票，可以多找些项目，进行多元化投资，比如，在投资股票的同时投资点基金。也可以投资不同行业、不同公司的股票，降低特定股票或行业的不利影响。第三，定期评估和调整。股票市场和公司状况会发生变化，要定期评估投资组合，根据市场情况和个人目标进行调整。第四，长期投资。股票投资是一种长期的投资方式，持有股票的时间越长，越有可能从中受益。

作者点评

股票投资可能带来高回报，尤其是长期投资的股票，老板们可以从各种类型的公司中进行投资，如小型企业、中型企业和大型企业等。不过，股市有风险！为了应对市场带来的风险，老板们不仅需要具备一定的专业知识和投资经验，还要做好心理准备。如果你还是“小白”，更要少投一些。

使用货币基金，让现金流自动生长

经典案例

甲企业是北京一家知名的电子产品制造企业，年销售收入约5亿元，银行账户日平均现金存量约为3000万元。2012年5月3日企业账户里有现金3300万元，24日要付供应商的货款3000万元，其间没有其他大额支出。

甲企业预留了300万元作为紧急备用金，在5月3日将剩余的3000万元买入货币基金，23日赎回3000万元，24日支付供应商货款3000万元。此货币基金在5月4—22日期间的平均年化收益率为4.2%，甲公司20天的收益为69041元；如果放在银行，按活期利率0.49%计算，活期利息为8054元。二者约相差61000元。

如果每个月都如此，共相差12月 ×61000元/月 =732000元。

那么，该选择什么样的货币基金呢？规模相对较大、业绩长期优异的货币基金无疑是首选。因为规模越大，基金操作腾挪的空间越大，更有利于投资运作，也能更好地控制流动性风险。

如果公司有一笔短期闲置的资金，在保证不与公司的业务经营发生冲突的前提下，就可以利用不同的现金管理工具来提高流动资金的收益，最大限度地提高资金的使用效率和资金收益率，让资金为你“赚钱”。

模式分析

货币基金是聚集社会闲散资金，由基金管理人运作、基金托管人保管的一种开放式基金，专门投向无风险的货币市场工具，具有“准储蓄”的特征。其特点具体如下：一是安全性高。货币基金合同虽然不会保证本金的安全，但事实上由于其投资范围的低风险性，在现实中出现亏损的概率很低。二是流动性强。货币基金流动性仅次于银行存款，资金赎回到账时间一般不会超过 2 天。三是收益稳定。货币基金的投资收益按天计算，整体较为稳定。货币基金的收益率主要看 7 日年化收益率和每万份收益。7 日年化收益率，是将最近 7 天的平均收益率折算到全年，如果想长期持有，7 日年化收益率可能更有参考性。每万份收益，是指每 1 万份基金份额可在当日获得的真实收益，如果是短期购买，就重点看每万份收益，相对直接能看出每天能赚多少钱。四是成本较低。投资货币基金一般免收认购费、申购费、赎回费等手续费。另外，由于我国对证券投资基金分红的优惠政策，货币基金分红还免收所得税。

总之，货币基金完全可以解决中小企业资金腾挪的后顾之忧。利用货币基金做现金管理工具，老板就能养成高效的资金管理习惯，降低借款成本。

场内货币基金与场外货币基金在多个方面存在显著的区别。具体如表 2-1 所示。

表2-1　场内货币基金与场外货币基金的区别

不同点	场内货币基金	场外货币基金
投资门槛不同	最低申赎净值为100元，有部分基金的申购起点达到1000元	场外货币基金的申购起点要低于场内货币基金
赎回限制不同	场外货币基金对每日申购和赎回份额都有一定限制	场内货币基金对申购赎回都没有额度限制

续表

不同点	场内货币基金	场外货币基金
预期收益方式不同	可以获得基金分红预期收益，还可利用基金价格波动在二级市场进行交易套利	可以获得基金分红预期收益

那么如何选择货币基金？购买货币基金，要尽量选择成立较久、规模较大、收益长期较稳的产品。对于货币基金而言，成立越久的产品，越能看清楚这个产品的稳健程度。因为在资产结构中，投资货币基金的部分强调“安全性”。在规模上，规模中上的产品较优，200 亿 ~ 600 亿的产品选择也最多。如果货基规模很小，当利率下降时，增量基金会迅速影响货基的收益率，如果有大额申赎，还会扰乱基金现金流，导致基金不稳定。从收益方面来看，同等情况下，要选择历史收益稳定、收益排名相对靠前的产品。

作者点评 »

货币基金能自由认购和赎回，无须手续费，方便快捷，资金进出非常方便，既可以降低投资成本，又能保证流动性，在西方发达国家，被誉为是“现金管理工具之王”。基金公司只需保持少量现金用于日常支付，一般资金的赎回只需 T+2 或 T+1 日就可以完成变现并到账。如果需要用钱，货币基金赎回后 1 ~ 2 个工作日资金到账。因此，如果企业要进行流动资金管理，就可以购买货币基金。

3. 借贷、融资现金流模式

老板要干一件离钱最近的事，其他的事都不要干。是做产品离钱最近吗？是管生产离钱最近吗？是跟员工打成一片离钱最近吗？这些都不是，离钱最近的事只有两个：借贷和融资。

——王冲

用银行杠杆，赚到别人看不到的钱

经典案例

我舅舅家是做木地板的，他把300家做地板的公司捆绑成会员，我也是其中之一。300家地板企业年销售没有一家低于一个亿的，我们为什么会成为他的会员？因为他可以从加拿大的木业，包括巴西的木业以3折、5折拿货，我们却永远都拿不到。之所以能够折扣低，主要还是因为他的量大，把那块地都买了。而他之所以能有这么多钱，是因为他让所有会员的银行流账户和一般户都开在招商银行。招行有现金流，就可以给他直接授信信贷1000个亿。

拿到钱后他就去购买木材，但采用了有别于我们的方式。我们都会提前付给他钱，虽然我们可以欠他的钱。他制定的木材进价是这样的，以北美风情这种红木来讲，提前2个月打款，拿货价是4.5～5.5折；提前一个月打款，拿货价是5.5～6.5折；用货的时候打款，拿货价是6.5～7折；拖后2个月打款，拿货价是9折。

如果资金周转不开，我们也可以欠2～3个月，他先给我们木材，只要在约定的时间将钱给他就可以，最多可以欠3个月，依然还给打9折。但是，提前2个月和拖后3个月，一共5个月，可以省35%～45%的钱。我从银行贷款给他，贷3个月，利息最多2分，但我从他这儿拿木材能便宜30%。

他之所以能做到这一点，是因为他控制了上游的原材料。他是巴西某某木场最大的老板，可以控制市场行情的价格。他标一个价，然后再给我们打折。我们找别人买，就是市场价，找他买就可以打 5 折或 6 折。

现在很多民营企业都有应收账款的问题，他则没有这个问题。因为我们从银行贷款给他，能省 20% ~ 30% 的钱，与其欠他，倒不如想办法把银行的钱贷出来给他，因为我欠银行的利息永远少于他给我的折扣。

模式分析

资本杠杆是一种强大的财富增值工具，其本质在于通过利用外部资金来扩大自己的经营规模或投资能力，从而获取更高的收益。这些外部资金，可以来自投资人、银行贷款、合作伙伴等多种渠道。巧妙运用资本杠杆，就能突破自有资金的限制，以较小的投入撬动更大的市场，实现跨越式发展。

何为银行杠杆？比如，10 年前你在武汉花 50 万元全款买了套房子，没过两年房子涨到 100 万元，你开心地把房子卖了，收益 100%。你继续用这笔钱买房子，相中了一套市价 180 万元的房子，首付三成，共 60 万元，剩余部分贷款，相当于加了 3 倍杠杆。几年之后，房子涨到 300 万元，你又卖了。这次你的收益达到 200%。这就是杠杆的威力。

杠杆本身是一个物理学名词，指的是一种能够将力量转化为力矩的简单机械，现在“杠杆”经常被用于金融领域。在金融领域中，杠杆是指通过介入资金，使用金融衍生品或投资结构安排等方式，放大收益或回报。

拿银行的钱去赚钱，从投资角度去看，如果资产回报率高于融资成本，你就可以去银行借钱，利用杠杆赚钱。如此，你的自有资金就能发挥“四两拨千斤”的效果，提升自有资金回报率，获得远超越市场平均收益率的回报。

银行最喜欢两种人：一种是帮他搞低利息的现金流；另一种是有资产抵押的信贷。不过，要想运用银行杠杆，需要满足两个基本条件：一是具备良好的投资机会和盈利能力；二是能够有效地控制风险。只有对市场和项目有深入的了解和把握，才能准确地判断投资机会和盈利能力。此外，还需要建立完善的风险管理体系，通过多元化投资、分散风险等方式来降低潜在损失。

作者点评»

在金钱的海洋中，最举足轻重的词语是现金流，而紧随其后的是杠杆，它所发挥的效用如同阿基米德所言："给我一个支点，我可以撬动地球。"在现代经济社会中，资本杠杆就是这样一个神奇的"支点"，它能够帮助我们用别人的钱为自己赚钱，实现财富的快速增值。然而，这并不意味着我们可以盲目跟风或冒险投机。运用银行杠杆时，我们需要保持清醒的头脑和理性的判断，确保自己的决策是基于充分的信息和理性的分析。

跟银行合作，用现金流撬动更大利润

经典案例

我的一个学生开招商会，打算收50万元，但他又觉得现场收50万元很难。我说没关系，你把华夏银行找过来，深入交流一下。交流了两个小时，行长不仅同意了，还给了我们50万元的赞助费，但有一个条件，现场帮他办40张50万元的信用卡。其实就等于，我们帮他办2000万元的信用卡，他就给我们赞助50万元，最终我帮他卖了42张。

假如是我招商，你要想做我的合伙人，就得支付50万元。如果你做我的合伙人，一分钱都不让你出，只要帮我办一张50万元的信用卡，就有合伙人的经济压力。他分36个月，每个月还18888元，现在就可以享有50万元的合作资格。因为我办的是200万元信用卡，银行可以先给我200万元，现金就能提前回来。巧用银行杠杆可以解决很多老板解决不了的问题。

模式分析

跟银行合作，现金流就会像春潮带雨，节节攀升，带来丰厚的回报。现金流的放大效应在此表现得淋漓尽致，犹如一匹脱缰的野马，狂放不羁。借助银行的强大支持，顶级投资者甚至可以在短短的一小时或几分钟内赚取到你可能需要耗费几十年努力工作才能获得的收入总和。

对于很多企业老板来说，银行贷款都是一种重要的激活现金流的方式。

但是，在向银行申请贷款时需要满足一定的条件并提交相关的资料。

企业老板银行贷款需要准备的资料有公司基本资料、公司财务资料、公司经营资料、贷款用途资料以及担保资料。公司基本资料包括公司营业执照、组织机构代码证、税务登记证等。公司财务资料包括最近几年的财务报表、审计报告、验资报告等。公司经营资料包括公司经营状况、市场前景、营销策略等。贷款用途资料包括贷款用途说明书、项目可行性研究报告等。企业担保资料，如果需要担保，可以提供担保人的相关资料，如担保人的身份证明、财务状况等。

老板想要跟银行贷款需要具备以下条件：一是公司经营状况良好。银行会对公司的经营状况进行评估，要求公司有稳定的收入来源和良好的盈利能力。二是公司信用良好。银行会对公司的信用状况进行评估，要求公司有良好的信用记录，没有逾期等不良信用记录。三是贷款用途明确。公司需要向银行说明贷款用途，并提供相关的资料，银行会对贷款用途进行评估，确保贷款用途合法合规。四是担保措施。如果公司的信用状况不够好，银行可能会要求公司提供担保措施，如提供担保人、抵押物等。五是还款能力。银行会对公司的还款能力进行评估，要求公司有足够的还款能力，以确保能够按时还款。

公司老板跟银行贷款，最容易步入的“雷区”主要有如下几个，如表3-1所示。

表3-1　银行贷款易入雷区

雷　区	说　明
贷款时间太晚	等到入不敷出时再申请贷款，你的急迫只会让出借方失去信任，缺乏整体计划绝对是运营企业的大忌。建议：年初做一整年的现金流预测，包括每个月的流水、计划内的投资等，了解企业的财务状况，之后再和银行探讨贷款的时间点和借贷细节问题

续表

雷　区	说　明
贷款金额太少	商业贷款中必须得把意外开支算进去，不能“能少借则少借”，否则一旦资金紧张，企业就会面临巨大的现金缺失损失。建议：厘清每个项目的现金流情况，把最好和最糟的情况都考虑进去。要保证自己借贷的金额即使遇到最糟的情况也能支撑你完成项目
计较贷款利率	贷款利率和还款额度直接相关，需要重点考虑。但除此之外还有其他重要条件，比如，贷款期限、还款要求和灵活度，以及亏损了要怎么还？建议：选择贷款项目不能仅由一个方面决定，需要综合考虑
贷款陈述不讲究	要想让银行痛快地将钱借给你，得让银行看到企业的美好前景，让银行知晓你的企业规划、过去的表现、优势、未来的发展以及需要贷款项目的来龙去脉。建议：提前做好准备，反复练习贷款陈述，明确告诉银行你需要这笔贷款的原因以及钱都会用在什么地方
只找一家贷方	就像做生意得多找几家供应商，跟银行借钱，也需要多元化的借贷关系。建议：多找几家贷款机构，选择最适合自己的贷款项目和方式
还款太早	急于还清贷款，可能会让你陷入没有现金流的窘境。如果手里有闲钱，最好投资到有营收利润的项目中。建议：对投资回报和贷款利息进行比较。如果你的投资回报更高，就先别急着还债

作者点评»

为了生产经营的需要，老板可以向银行或其他金融机构按照规定利率和期限借款。不过，老板应结合公司现在的实际情况，预计未来的资金使用情况，选择最适合自己的贷款金额和贷款方式。

产业链放贷，让上下游永远不缺现金流

经典案例

我有一个学生是专门做小额贷款的。小额贷款公司主要是靠什么盈利?左边是吸储，右边是放贷，赚中间的利差。

他有一个客户专门做火锅，这家火锅店找他贷款2000万元。过去，贷款2000万元是怎么贷的？直接给他2000万元。今天上完我的课，他是这样贷的：1500万元给现金，另外500万元给羊肉。

问：火锅店需不需要食材？需要。要不要羊肉？要。我给企业羊肉就等于给你钱。而且，我按照市场价给你羊肉，你去外面采购也是这个价，拿到我的钱，你也要买羊肉，这里就出现了一个关联的“羊肉”。

这时候，如果这里出现了一个放贷的客户，是内蒙古的牧民。内蒙古的牧民采取整个村子联保联贷，他们要跟我贷1000万元，我直接给他800万元，另外200万元也给他现金，但要他们帮你去掉库存的羊肉，牧民们多半都会很开心。因为借了1000万元，只用还800万元，另外200万元把原来的羊肉库存也去掉了。

这家小额贷款公司就能赚到这家火锅店2000万元的贷款利差，为什么是2000万元？我给你2000万元让你买羊肉，我给你1500万元加500万元羊肉，还是2000万元，你依然要给我2000万元的利息。不仅能赚足利差，还能赚一个价差。

从内蒙古牧民收上来的羊肉是批发价、内部价，卖给火锅店老板的羊肉是市场价，中间还存在巨大的价差。这时候，我就从小额贷款公司来直接放贷，变成了关联关系的上下游放贷。这也叫产业链放贷。

模式分析

小额贷款的额度小、无担保、无抵押、服务于贫困人口，成为很多人解决资金需求的有力武器。其申请流程简单，放贷速度快，给借款人提供了更多的选择，人们越来越青睐这种方式。

为了满足小额贷款行为需求，各地纷纷成立了小额贷款公司，用以规范民间借贷市场。除了民间资本，连上市公司、国有大中型企业，也纷纷以参股或增资入股等方式，进入小额贷款公司。

从贷款中获取利差是小额贷款的主要盈利模式。老板应合理运用政策允许的融资渠道，运用必要的杠杆率，提高资金使用效率，提高贷款质量，盘活流动资金，降低成本，降低借款利率，从而降低借款人负担，进一步开拓贷款的业务范围，形成降低贷款利率→促进业务拓展→降低贷款风险→增加盈利能力→为进一步降低利率创造条件的良性循环。

小额贷款的优势主要有以下五点：一是贷款速度。通常，银行贷款速度比较缓慢，需要走各种流程，小额贷款则便捷得多，审核也不太严格，放贷速度比银行快许多。二是贷款范围。小额贷款的范围非常广泛，个人、个体户或小微企业都可以申请贷款。三是风险低。相比普通的民间借贷，对小额贷款公司的法人的个人要求非常严格，在很多层面上，要受到监管、申请程序等因素的约束，安全系数提高很多，风险性低一些。四是贷款利率。小额贷款的利率相对银行利率会高一些，但小额贷款公司的贷款门槛较银行低，个人资质即使不太优秀的人，也有机会通过小额贷款公司申请到贷款，人们自然也就愿意接受比银行稍高的利率。五是还款方式。小额贷款的还款方式比较灵活，如果对未来收入前景保持乐观，可以选择等额本金的还款方式；如果喜欢较宽松的还款环境，可以选择等额本息进行还款；如果手里有闲钱，也可以提前还款。

小额贷款的流程具体包括以下六步。

第一步，递交贷款申请。如果需要小额贷款，应当向主办银行或者其他银行的经办机构直接申请。借款人要填写包括借款金额、借款用途、偿还能力及还款方式等主要内容的《借款申请书》并提供以下资料：借款人及保证人基本情况；财政部门或会计（审计）事务所核准的上年度财务报告，以及申请借款前一期的财务报告；原有不合理占用的贷款的纠正情况；抵押物、质物清单和有处分权人的同意抵押、质押的证明及保证人拟同意保证的有关证明文件；项目建议书和可行性报告；贷款人认为需要提供的其他有关资料。

第二步，进行贷款调查。借款人申请被受理后，贷款人会对借款人的信用等级以及借款的合法性、安全性、营利性等情况进行调查，核实抵押物、质物、保证人情况，测定贷款的风险度。

第三步，等待贷款审批。审查人员应对调查人员提供的资料进行核实、评定，复测贷款风险度，提出意见，按规定权限报批。

第四步，签订贷款合同。所有贷款都应由贷款人与借款人签订借款合同。借款合同需要约定借款种类，借款用途、金额、利率，借款期限，还款方式，借、贷双方的权利和义务，违约责任和双方认为需要约定的其他事项。

第五步，应对贷款发放。贷款人要按借款合同规定按期发放贷款，否则，应偿付违约金；借款人不按合同约定用款的，应偿付违约金。贷款发放后，贷款人要对借款人执行借款合同情况及借款人的经营情况进行追踪调查和检查。

第六步，及时归还贷款。借款人按照借款合同规定按时足额归还贷款本息。

作者点评»

小额贷款公司采用合适的经营模式，发挥灵活、快捷的经营优势，可以创新产品、创新风控、创新服务。寻找小额贷款，有几点需要老板注意：在贷款前，要对贷款机构做调查工作，看看打着银行、小额贷款公司、贷款服务平台牌子的公司，是不是正规机构，以免被黑机构忽悠了；真正的贷款势必要走正规程序，严防那些只通过网络、电话等推销贷款的人。此外，通常金融机构都是在开始发放贷款之后才收取相应费用，如果有人要求提前支付费用，那要警惕了！

项目融资，一分成本都不用付

经典案例一

有一家公司运营着两条高速公路A和B，现在准备投资建设一条新的高速公路C，那对于新的高速公路怎么融资呢？这里有两个方案：第一个方案是以A和B做抵押，借款融资建设项目C。第二个方案是借款建设项目C，但借款方仅从项目C的未来收益中收回款项，如果其投资失败，借款方仅能从C的清算财产中收回部分贷款。

现在就来分析一下。方案一实际上是传统融资，依据项目发起人的资金来安排融资，以及贷款人对项目的发起人具有完全的追索权。在方案二中，如果项目C失败了，并不会影响公司项目A和B的正常进行，仅以项目C本身未来的收益作为偿还的保障。

显然，从风险隔离的角度，方案二更具有吸引力。其实，方案二体现了项目融资的基本特点，也就是以项目自身的现金流作为偿债基础。

经典案例二

我有个学员在青海有3000亩高原樱桃，上课的唯一的想法就是把樱桃卖出去。卖樱桃是叫卖产品，“买多少樱桃再送多少的赠品”是卖方案，其实都不是最好选择，最好的方法是，把樱桃包装成项目，直接开卖。怎么卖？

第一，投资 5 万元，给你一亩樱桃。

第二，给你这亩樱桃 10 年的使用权。

第三，这笔钱不进我的账户，进银行账户。银行把这笔钱当作投资理财，6 年后返回本金。

第四，所有的樱桃，有 3/4 是拿来卖的，1/4 由你来处理。也就是说，一亩樱桃园产生的樱桃，3/4 由公司帮你代卖产生收益，1/4 则留给你自用，如送人、自己吃、包装等。

第五，我给你两个扶贫的名额，什么意思？你投资了 5 万元钱，我会拿出一部分给当地的孩子们进行扶贫，帮他们上完小学。

这里，会以你的名义去捐。这样，你既得到了名，也得到了利，还得到了安全感。

投资最怕什么？本金没了，我却能保证你的本金。因为银行有一套属于自己的杠杆。比如，四川的茶山就是这样卖的，四川青城山卖茶叶的，60% 都在采用这种模式。云南昌江的部分普洱茶，基本上也是这样卖完的。

模式分析

项目融资既不是招商，也不是股权融资，更不是债权融资。也就是说，我手上有个项目，我准备怎么做，你投钱之后我给你怎么分，不用付出任何代价。能把项目讲得好，分析得好，并把它路演得好的人都是高手。

公司可以为项目提供融资，作为其现有业务的补充，只要公司的资产负债表和盈利记录能够支持，为项目提供资金的公司贷款通常相对简单、快捷且成本低廉。

项目融资可以给企业带来以下几个好处：第一，通过项目融资筹集资金的项目投资者，通常不保证偿还债务，风险仅限于股权投资的金额，如果项目进展顺利，投资者就能获得良好的投资回报，反之投资者可以干脆走开，将损失限制在股权投资的金额内。第二，如果项目太大，一个投资者无法承担，就需要引入其他投资者来分担风险。第三，项目开发可能涉及重大支出，如果项目不继续进行，就会面临必须全部注销的重大风险，在项目开发阶段引入合作伙伴，可以分担这个风险。第四，项目融资的期限比企业融资的期限更长，如果融资资产具有较高的成本，且无法在短期内收回，就需要长期融资。

值得注意的是，与企业借款人不同，新设立的项目公司没有可作为贷款决策依据的业务记录。贷款人必须对自己能够得到偿还充满信心，尤其要考虑到项目融资交易固有的高债务水平带来的额外风险，也就是说，他们需要对项目能够按时、按预算完成、技术上能够按设计运营等有高度的信心。不过，项目融资是一种昂贵的融资方式，贷款人的尽职调查、控制流程以及为此目的聘请顾问也会显著增加成本。

作者点评»

全世界最好的融资，不是债权融资，不是股权融资，也不是招商融资，一分成本都不用付，而是项目融资。该融资方式是为特定项目借取贷款，并完全以项目自身现金流作为偿债基础。不过，项目融资的债务独立于项目发起人，项目融资只会以某种说明形式反映在资产负债表的注释中，不会进到资产负债表的表内。这样做，既可以降低项目发起人的财务风险，减轻项目失败对项目发起人的拖累，还能降低项目发起人的财务杠杆，便于项目发起人利用有限的资金开展更多的项目。

股权融资，玩转控制权游戏规则

经典案例

深圳长石新能源（以下简称“长石”）成立于2020年，主要专注于新材料、新能源技术研发与产品销售。为了加速技术研发和市场扩张，推动绿色发展，长石决定进行股权融资。

长石的股权融资过程并不容易。开始时，由于市场对新能源行业的认知不足，长石融资困难重重。后来，凭借先进的技术和明确的发展战略，长石成功吸引了投资机构的关注，不仅向投资者展示了公司的核心技术和市场潜力，还就未来的发展战略和市场前景进行了深入交流，赢得了投资者的信任和支持。经过多轮谈判，最终以增资扩股的方式进行股权融资。

这些战略投资者不仅为长石提供了必要的资金支持，还带来了丰富的行业经验和资源网络，为长石的技术研发和市场扩张提供了有力支持。另外，通过这次合作，长石还获得了宝贵的市场资源和行业经验，为公司的绿色发展注入了强大的动力，提高了品牌知名度和市场影响力，巩固了其在新能源行业的地位，在新能源产品研发、市场推广等方面取得了显著成果。

模式分析

股权融资，是投融资双方都乐于接受的一种融资方式。对企业来说，股权融资没有债务压力；对投资方来说，取得股权可以获得相应的利润回报。股权融资最主要的特征就是风险与收益相伴相随。

通过股权融资，可以给企业带来以下好处：第一，获得启动和运转的资金，便于扩充设备、引进人才和推广市场。第二，助力企业获得更高速的发展，获得更高的资金周转率。第三，获得品牌背书，扩大信息安全、企业服务、金融等领域的影响力。第四，获得专业的顾问和支持，得到他们提供的关于产品、技术方面的专业意见。第五，获得其他资源。

股权融资的优势在于，不需要向银行等金融机构还本付息；不仅可以解决企业的财务资金问题，也能帮助企业快速发展；融资成功后，会有极大的溢价空间，导致企业资本公积的增加；股权融资的退出方式更加多样。

对于企业而言，股权融资方式主要有四种，如表3–2所示。

表3–2　企业股权融资的四种方式

种　类	说　明
股权质押	是指出质人用自己的股权作为质押标的物而设立的质押。股东出质股权后，质权人只能行使与财产权利相关的权利，如收益权，企业重大决策与选择管理者等与财产权利无关的权利仍由出质股东行使
股权转让	是指企业股东按照相关法律规定把手中的股份转让给他人，使他人成为企业股东的民事法律行为。股权转让后，股东会把对企业发生的权利义务关系全部转移给受让人，让受让人成为企业股东，获得股东权
增资扩股	是指企业向社会募集股份、发行股票、新股东投资者或原股东增加投资扩大股权，提高企业资本金。对于有限责任企业而言，其通常是指企业增加注册资金，新增部分由新股东认购或新老股东一起认购
私募股权	是指以股权转让、增资扩股等方式通过定向方式引进新股东，人数不能超过200名

作者点评»

股权融资的钱确实容易拿，但一旦投资人决定将钱投入企业，企业就不再是企业家一个人的了，而是大家的。因此，做股权融资前一定要做好充分的心理准备，同时还要熟悉公司治理中关于控制权的游戏规则，这也是股权融资最后成功的关键所在。成功股权融资的标志是：在不过多丧失控制权的前提下，获取尽可能大的溢价倍数。

债权融资，钱不好拿但是好用

经典案例

有一家芯片设计公司，在芯片及算法架构设计领域深耕20余年，产品已实现在智能手机、IPC、无人机、行程记录仪等领域全面替代美国高通/博通、中国台湾联发科/瑞星的双频 Wi-Fi 芯片。配合信创领域的 CPU 平台，实现整体方案的国产化替代。已与世界知名品牌商及方案商取得合作，并获得了近亿元人民币的订单及意向订单。

由于新订单的签订，急需一笔资金组织生产，打算融资300万元。但企业是一家科技型企业，固定资产较少，缺少担保物；企业前期研发投入巨大，股东除自有资金投入外，还申请过银行贷款，导致企业当前资产负债率较高。

结合以上两点，企业债权融资难度巨大。

了解到企业融资需求后，某科技金融中心对企业历史沿革及企业核心竞争力进行了调研。在确定企业现金流情况并分析该企业违约成本后，该机构通过对企业行业特点和市场前景分析，结合对银行产品的精准分析，为企业匹配了最适合当前需求的银行产品，最终获得纯信用贷款300万元，缓解了燃眉之急，帮助企业更好实现业务扩张。

模式分析

债权融资是指企业以借钱的方式进行融资。以这种方式所获得的资金，企业需承担使用这类资金的利息，且在借款到期后须向债权人偿还资金的本金。资金所有者不过问企业的经营状况，也不承担企业的经营风险，约定的利息也通常不因企业的经营好坏而产生变化。

通过债权融资，可以节税，融资成本低，提高企业所有权资金的资金回报率，具有财务杠杆作用。与股权融资相比，债权融资不会产生对企业的控制权问题，即稀释所有权的问题。银行对企业的控制是一种相对的控制，如果企业能够清偿债务，控制权就掌握在企业手中；反之，控制权就会转移到银行手中。

债权融资分为银行贷款、租赁融资、票据融资、应收账款融资、信托融资、项目融资、保理融资、发行债券和民间借款等。银行贷款是债权融资的主要形式，但中小民营企业一般都很难获得银行的低息贷款。租赁融资指的是企业通过租赁设备、土地等资产来获得资金，可以帮助企业在不需要大量资金投入的情况下获得所需的资产，并将资金用于其他业务发展。票据融资指的是企业通过发行商业票据来筹集资金。票据融资期限较短，成本相对较低，适合企业短期资金需求。企业将其应收账款转让给金融机构或其他投资者，以获得资金，可以帮助企业提前回收账款，提高资金流动性。企业通过信托公司发行信托计划来筹集资金，可以根据企业的具体需求设计不同的结构和条款。针对特定项目的融资方式，通过项目的未来收益来偿还债务。民营企业老板的私人信用，相当于民间的私人借款，这是民营企业债权融资的独特方式，也是最不规范的企业融资方式，难以确定稳定性。

需要注意的是，不同的债权融资方式有不同的适用条件、融资成本和风险。企业在选择债权融资方式时，要综合考虑自身的财务状况、融资需求、市场环境等因素，并寻求专业的金融机构或顾问的帮助。同时，债权融资也要遵守相关的法律法规和市场规则，确保融资活动的合法性和透明度。

作者点评»

债权融资的特点是“钱不好拿但是好用”。企业到银行贷款，银行首先要审核贷款项目的可行性，然后要求企业有相应的资产做抵押，或者由其他公司进行担保。债权融资风险把控的要点是相通的，所有债权人关心的问题都是一致的，比如，谁融资，融资干什么，拿什么还款，还不了怎么办，以及如何确定融资方案，即金额、用途、期限、利率、担保条件和还款安排如何组合等问题。

4. 不动产变现现金流模式

企业通过出售固定资产、房地产或其他长期不动产来获得现金流收入。传统的老板只知道钱进银行出银行，却从来不知道如何使用银行，从来不知道银行有什么样的业务，只知道拿着自己的房子去抵押贷款，而从来不知道银行的金融杠杆有多少。

——王冲

如何判断你的资产不是负债

经典案例

学员王先生是一位成功的民营企业家，也是一位资深的投资人。他从30岁开始创业，第一年就净赚300万元，五年时间里，从白手起家，到资产过亿元。可是，随着疫情的冲击，他的资金链断裂，企业没有充足的现金流来支持入不敷出，为了能够让公司正常运行，不惜抵押所有固定资产，贷款几千万元。可屋漏偏逢连夜雨，销售额持续下跌，他的公司经营不见起色，贷款的利息也快要负担不起。于是他开始变卖手里的资产，但依然无法偿还高额的贷款。他在我的课上讲述自己的经历时非常苦恼，觉得自己明明资产很多，却在关键时刻都变成了负债。

模式分析

这个案例非常普遍，在详细阐述资产变现模式之前，我们先要搞明白什么是真正的资产。很多人搞不明白什么是资产，什么是负债。往往容易错把负债当资产，影响企业现金流的转换。想靠资产带来现金流，那么第一步就是要分清楚什么是资产，你手里的资产不是负债，或者即使短期来看属于负债（如贷款购置的房产），也能在未来拥有变现的价值。

资产和负债是财务领域中的两个核心概念，也是一对辩证关系。二者相互依存又相互转换，一定条件下，资产会转成负债，同理，负债运用得好也能转换成资产。在我的很多学员里，我一问他们有没有资产，他们总会说有这有那，但等到真正拿到台面上分析的时候，往往他们认为的资产在我眼里却是不值钱的负债。提到资产，一定绕不开与之相对的负债。真正的资产才能变现并带来现金流，而负债则不能算是资产。

在上述确认资产的前提下，接下来就是变现渠道问题。变现渠道指的是资产变成现金的渠道拓展，是一次性变现还是持续性变现。最后一点是守住资产，抛弃负债。如果手里是负债大于资产，第一时间把负债的资产砍掉，资产越多，现金流才能越充足。

作者点评 »

资产是指企业过去的交易或事项形成的、由企业拥有或控制的、预期会给企业带来经济利益的资源。而负债是指企业过去的交易或事项形成的、预期会导致经济利益流出企业的现时债务。负债的资产本质上仍然是负债，它代表了企业应支付而未支付的资金或其他形式的义务，而并非企业拥有或控制的、能够带来经济利益的资源。

负债的资产在财务报表中通常被列为负债项，而不是资产项。这是因为负债的资产代表着企业的负债，即企业需要支付的金额，而不是企业拥有的价值。

从经济实质来看，负债的资产并不能为企业带来直接的经济利益。相反地，它可能增加企业的财务风险和运营成本，因为企业需要为这些负债支付利息或本金。因此，负债的资产不是资产，而是负债的一种表现形式。企业在经营过程中应合理控制负债规模，优化资产结构，以确保企业的稳健发展。

在我眼里判断一个资产是不是值钱，有三个标志，第一是否具备流动性，第二是否具备稀缺性，第三是否具备增值性。如果不具备这三个条件，

那就算不上是真正的资产。

资产的流动性很容易理解，就是指资产能够以现金或其他形式转换成现金流的能力，它衡量了投资者在短期内将资产转换成现金的难易程度。用最简单的话概括，那就是，我说今天卖，今天就可以卖，你能做到吗?试想，如果企业占用的是工业用地，你能随时把土地变现吗?衡量你拥有的是不是资产，不是你有什么本本，什么证，你就觉得很值钱，那是你以为的，假设你有一处带房本的不动产，但在房地产日渐低迷的当下，你卖不出去还得月月还房贷，那这个放在你手上看似资产的东西，对于你来说就是负债。真正的资产一定要具备流动性，流动性越好，变成现金流的概率越大，它才能越值钱。记住，你手里的现金，永远比任何投资品都有价值，因为货币是商品交换的媒介，具有最高的流通性。不能迅速变现的资产，都不是好的资产，一旦市场出现异常，往往看似是资产却能砸在自己手里。

资产流动性的高低，直接反映了资产价格的流动性和资产本身的可交易性。流动性高的资产，如现金和流动性金融资产（如短期要出售的证券），由于其随时可以兑现或变现，因此具有较高的流动性。而如应收票据、存货和预付费用等，由于其变现需要一定的时间或条件，因此流动性相对较低。资产流动性是评估企业资产质量和风险状况的重要指标。良好的资产流动性意味着企业能够更灵活地应对资金需求和变化，降低财务风险。同时，投资者也可以利用资产流动性来评估投资组合的风格，决定投资策略，以获得最大的利益。

资产的稀缺性也是衡量资产是否值钱的重要标志。当某种资产供应有限，而需求相对较高时，它就具有稀缺性。这种稀缺性会导致该资产的价值上升，人们愿意为稀缺的东西支付更高的价格。所以，这个世界上“物以稀为贵”，太多的东西往往就不值钱。资产的稀缺性受到供需关系、市场趋势和技术进步等的影响。当某种资产的供应减少、需求增加或者市场对其未来价值有较高预期时，它的稀缺性可能会更加明显。稀缺性是衡量资产是否值钱的标志之一，但对于变成现金流而言并不是唯一的参照标准。目前市场上并不缺房子和车位，但我依然能够通过有效的方法教给学员将这些并不稀缺的东西进行变现和实现投资组合。所以，能不能让资产快速和持续变现，第三个标志就是资产的增值性。

资产的增值性随着时间的推移和市场的需求变化，这个东西是不是越来越值钱。比如，房产可以出租获得租金，股票可以分红或者升值。如果一个东西不能带来经济利益，反而需不断投入资金，那可能更像是负债。所以，用现金流来衡量资产的增值性是一个非常靠谱的做法，资产通常会带来正的现金流，而负债则会导致现金流出。大部分效益好的企业都是通过出售固定资产来获得现金流收入。

为什么有钱人都在搞现金流

经典案例

有一个重庆的学员有3500个车位想变现又舍不得卖，一直处于纠结状态。在我看来那就是他最值钱的资产。他说车库位于恒大开发商的对面，恒大为了还债，把原来22万元一个的车位以12万元的价格快速出手变现，而他却舍不得卖又找不到好的模式进行变现。于是，我给他以银行信用卡举例说明，打开了他的思路。例如，我们在指定银行办信用卡，每个月最低消费1000元连刷6年，这个信用卡的办理是免费的。而车位同理，可以借鉴信用卡模式，推出办卡使用停车位，满几年送车位。只要规定每个月最低消费额度连用多少年，车位就送给办卡会员。该学员思路一打开，再也不愁车位舍不得卖，贱卖的顾虑也打消了。通过办卡送车位，快速达到了固定资产引来现金流的目的。

模式分析

手里有固定资产并不是最重要的，长期持有的固定资产也不是最值钱的，能够通过资产快速积累现金才是王道。为什么现在大部分效益好的企业都在搞现金流？因为现金流是评估企业偿债能力的重要指标。

现金流充足意味着企业有足够的资金来偿还债务，从而维持良好的信用记录，避免因债务问题导致的经营风险。企业的运营活动包括采购、生产、销售等各个环节，这些环节都需要资金的支持。

现金流的充足与否直接影响到企业能否按时支付供应商款项、支付员工工资以及维持日常运营开支。只有确保现金流的稳定，企业才能保持正常的运营状态。此外，现金流也是企业投资和扩张的基础。当企业计划进行新的投资或扩张时，需要投入大量的资金。这些资金可能来自企业的内部积累，也可能需要外部融资。

无论是内部积累还是外部融资，都需要企业具备良好的现金流状况。只有这样，企业才能有足够的资金来支持其投资和扩张计划，实现持续的发展。

作者点评 »

很多企业重视商业模式，但在商业模式确定的基础上更重视现金流。我之前写过《27种盈利模式》，得到了不少读者和企业家的反馈，他们从中找到了属于自己的商业模式。但随着经济发展，越来越多的企业发现再好的商业模式如果没有现金流做支撑，也会有经营不下去的风险。因为，现金流是企业日常运营的基础。它确保企业能够支付员工工资、租金、水电费、采购原材料等日常开支，保证企业的正常运转。现金流的充足性可以帮助企业应对突发事件，如市场波动、供应链中断、自然灾害等。这些事件可能导致企业面临临时的资金压力，而充足的现金流可以为企业提供必要的缓冲，减少风险。企业可以利用现金流进行投资，扩大生产规模、开发新产品或进入新市场。现金流的充足性决定了企业是否有能力抓住市场机遇，实现快速发展。如果企业有负债，现金流对于偿还债务至关重要。定期支付利息和到期偿还本金需要稳定的现金流支持，以避免因资金链断裂而导致的财务风险。

现金流状况良好的企业往往能够获得更高的信用评级，从而更容易获得银行贷款、发行债券等融资方式，降低融资成本。投资者在评估企业时，除了关注企业的盈利能力，还会关注其现金流状况。现金流的稳定性和增长性能够增强投资者对企业的信心，吸引更多的投资。

有的学员问我，在经济行情不太好的现在，拿到手里那么多现金流没有风险吗？市场在不断波动，看待风险也需要辩证进行。试想，一个手里握着大量现金的人，看到市场出现新一轮的投资红利和机会，一定会比那些手握重资产却无法变现的人有更大的操作和获利空间。比如，等到那些手里拥有资产却欠银行的钱还不了，亟须抛售资产的时候，一定是最低的价格，这个时候现金为王的价值就体现出来了，手里有现金的人随时都能在低位接住别人的资产，从而实现资产的增值。

资本运作和技术革命都有高潮和低谷，有的人在经济上升时期发了财，而也有不少人在经济下行时期撞上好运，其关键是看个人观察和分析市场的能力，以及不断学习提升眼界和格局。

我把生意看作两种，第一种生意是人把这个水从0摄氏度烧到了99摄氏度，还有一种人专门做一种生意，就是你烧到99摄氏度没钱了，我帮你烧到100摄氏度，然后我分99%，你分1%，因为没有我，你不光连1%赚不到，连99%都亏光。这个世界上有无数人都是因为步子迈得大了，把裆给扯了，你只需要把他裆缝好，他什么都给你。

升级商业模式，实现不动产变现

经典案例一

有个河南信阳的学员，2020 年在乡镇开发了 400 套房，卖了 200 多套，还剩下 100 多套和商铺的 1000 平方米没有出售。房价 2000 元 / 平方米，苦于没有变现的途径。明明手里拿着资产却无法产生现金流，想吸引别人来投资也找不到门路。我给他的方案是买房送新能源汽车，一套房 100 平方米按 2000 元 / 平方米折算有二十几万元，买一套送一台 3 万～ 4 万元的新能源汽车，等于房子打 7.5 折进行销售。在乡镇不太刚需的地方，通过这一方案，该学员成功销售出了 100 多套积压的房产。这是通过卖给别人能够获得“赚钱和占便宜”的感觉获得了现金流，也是非常成功的资产变现模式的实践。

经典案例二

某传统制造行业的厂家，在没有升级商业模式之前，是买家付 30% 给厂家，另外 70% 买家分两年或三年陆续付给厂家，厂家的现金流压力一直很大。升级后的模式则是厂家不用直接与买家对接，买家找到一个基金公司作关联第三方，将 30% 的费用付给基金公司，剩下 70% 的费用通过固定资产质押，基金公司将全部费用付给厂家，厂家支付利息给基金公司。以 1000 万元的费用为例，买家先支付 300 万元给基金公司，剩余部分可以用价值700万元的固定资产做抵押，基金公司通过收取厂家年1.6的利息，一次性将1000万元打给厂家，厂家等于支出42万元的利息，不用等三年就能一次性收到货款1000万元。这样一来，等于三方都能获利，厂家用少量的利息支出第一时间收回了货款。买家用固定资产充当现金支出，获得了资产的变现。基金公司通过收取厂家利息实现持续盈利，实现三赢。

经典案例三

有个学员，困惑于他10多年的应收账款，虽然企业形成了一定的规模，但因为应收账款太多，把他拖得企业既不敢做大，还无法做成轻资产企业。我用一个简单的例子告诉老板，当你解决不了问题的时候，就需要第三方和第四方，所以今天很多老板应收账款解决不了，就是因为你找不到相关的第三方，所以你的钱10年来都是按照这种模式在进行。有人说，王老师，这到底怎么干？很简单，你差我钱没关系，我帮你去银行办张50万元的卡。你差我钱，你来做我的合伙人，你来拿我50万元的货，你不用付钱，我帮你办张50万元的信用卡，你自己再慢慢还给银行。

模式分析

一个企业现金流是否充足，既影响日常的经营，也影响投资和被投资。现金流反映了企业资产运营中资金流入和流出的情况，是企业健康状况的重要指标。通过观察现金流量的变化，企业可以及时把握经营状况，及时采取措施防范可能出现的经营风险，从而减少不必要的损失。现金流在投资决策中扮演着关键角色。投资者在进行投资决策时，除了关注企业的盈利能力，还会特别关注其现金流状况。这是因为现金流的稳定性直接影响到企业未来扩张计划、债务偿还以及应对突发事件的能力。如果企业现金流不足，即使有良好的盈利预期，投资者也可能因为担心其无法支持未来的发展而持谨慎态度。现金流状况良好的企业往往能够获得更高的市场估值。同时，现金流的稳定性也反映了企业的抗风险能力，对于投资者来说，这是一个重要的参考因素。在投资领域，持有一定比例的现金可以提高投资组合的流动性，使投资者能够在需要时迅速获取资金。同时，现金也可以作为一种风险管理工具，降低投资组合在市场波动或经济不确定性增加时的风险。此外，现金还可以使投资者有机会在市场下跌时以更低的价格购买优质资产，从而获得更高的回报。

无论是个人投资者还是企业老板，现金流才是真正让企业立于不败之地的砝码。

无论是民营企业还是个人投资者，搞现金流已经成为当下必须重视的事情。以第一个案例来看，不论什么样的房产，作为不动产如果不变现等于没有任何利用价值，只有通过变成现金流，才能盘活资产，利用资产。以折扣价格出售了开发的房产项目。这种折扣策略可能旨在吸引更多的购房者，尤其是那些对价格敏感，又喜欢附带价值的购房者。同时，通过打折销售，也可能希望快速回笼资金，以应对市场的不确定性和风险。从第二个案例来看，用这个模式可以解决应收账款问题，快速回笼现金流。以第三个案例来看，传统的老板从来没跟金融机构打过交道，只知道钱进银行出银行，却从来不知道如何使用银行，从来不知道银行有什么样的业务，只知道拿着自己的房子去抵押贷款，从来不知道银行的金融杠杆有多少，一个都不知道，所以这就造成了传统的制造业的老板到今天非常被动的结局，所以今天的老板都遇到一个同样的问题，包括上市公司，手上有好产品卖不出去，手上有一大堆库存变不了现，说直白一点的话，还是学习未跟上。

作者点评»

一般行业大佬的动作代表着他们对市场的敏锐嗅觉，大企业都知道手上有现金流的重要性。近期我在课上一直跟学员强调，让他们把手上多余的房子处理掉，不要抱着房子永不跌的信念去做错误的资产积累。公司要向现金流进行转换，把重资产甩掉，手里有了现金流，才能抄底别人急于抛售的资产。未来几年投资不是现金流的行业不投。我帮助宁波很多做家居和建材的公司升级商业模式，最后都实现了充足的现金流。

不论是什么行业，都可以通过升级商业模式将普通的经营方式变成现金流模式。

拥有了现金流的思维模式，老板就会从之前只会赚取产品差价的固定思维中跳出来。就像经济型酒店过去的盈利模式非常简单，一晚上收一间房子三四百元钱，然后有人住就有收入，不住就闲置下来浪费成本。后来推出酒店资格卡，金卡会员 299 元，可享受的福利有住房打 6 折、延迟 2 小时退房、睡前有牛奶水果、免费的早餐。如果升级为钻石卡会员，住房打 2 折，延迟 4 小时退房，免费早餐 + 午餐。如此一来，一个原本经济型的酒店成为爆满型，非会员不接待，一年四季会员满员。由于会员的增加拓展了流量吸引了其他行业的合作，也带来了其他的收入。

出售闲置不动产，让钱跑起来

经典案例

安徽集团股份有限公司（以下简称“江淮汽车”）是一家集全系列商用车、乘用车及动力总成研产销和服务于一体的企业。

2023 年 10 月，江淮汽车发布了关于通过公开挂牌方式转让部分资产的公告。公告称，为进一步优化自身资产结构，公司拟通过公开挂牌方式转让部分资产，涉及乘用车公司三工厂存货、固定资产、在建工程、房屋建筑物以及土地使用权及乘用车公司新桥工厂构筑物和设备资产。此次转让，推动了江淮汽车自身转型和多元突围，进一步集中资源，全力投入新系列的车型当中。

2024 年 3 月，江淮汽车一批厂房及附属设施资产拆除转让项目在安徽省产权交易中心顺利成交。此次转让项目挂牌价 515.51 万元，经过 172 轮次激烈竞价，最终成交价 1610.51 万元，大幅提升了资产处置的便捷性和高效性，搞活了现金流，为研发提供了资金支持。

企业出现众多闲置资产，并不是因为这些资产一点用处都没有了，而是因为企业的经营方式发生了变化、体制机制的变革以及科学技术的发展等。这个案例告诉我们，当企业现金流不足时，完全可以利用现代科学技术的能力，对原有闲置资产进行改进，使之成为具有生产能力或具有较强实用价值的资产。

模式分析

对企业的生产经营来说，闲置资产是利用率很低的资产，不一定“不良”，但对另外一个行业来说，可能是“优质资产”。企业可以将其闲置或不再需要的固定资产、无形资产或其他形式的资产进行出售，获取现金，为企业提供现金流，让闲置资产“活”而有序地流动起来。

让闲置资产“活”起来的方法如下：一是开展租赁业务。资产租赁不仅可以解决资金短缺问题，还可以加速提高装备的技术水平，减少技术落后的风险，增强企业的竞争能力，促进企业改善管理。二是实行承包。不需用或利用率低的房屋、场地、设备等，可实行个人承包，减少企业投入。三是加强对外投资。对于企业的闲置资产，可以采取对外投资，寻找合作伙伴，把闲置资产利用起来。四是进行资源再配置。通过内部局域网把闲置资产在集团内部进行互相调剂，互通有无，优化资源配置，充分利用企业资产，创造经济效益。五是适当进行资产置换。对于生产上需要的存货或设备，可以利用现有的闲置资产进行置换，以节约企业的货币资金。

作为企业的老板，了解并掌握资产变现的策略和技巧非常重要。以下是资产变现的6个关键步骤：

第一步，确定资产类型和价值。首先，要明确要变现的资产类型，例如，固定资产、无形资产、存货等。然后，根据资产的类型和状况，确定其潜在的市场价值。

第二步，分析市场需求。了解相关资产的市场需求非常重要，例如，如果要出售一项技术，需要了解该技术在市场上的需求和竞争情况，以便确定潜在售价。

第三步，考虑市场环境。如果市场处于低迷状态，资产的价值就可能下降。因此，评估资产价值时，要充分考虑市场环境的变化。

第四步，评估风险和不确定性。评估资产变现价值时，要考虑风险和不确定性因素。例如，市场波动、政策变化等都可能对资产价值产生影响。因此，要对这些因素进行量化分析，并在评估价值时给予适当的折扣。

第五步，制定变现策略。根据以上分析，制定合适的变现策略，可能包括选择合适的变现方式、确定变现时机和定价策略等。

第六步，执行和监控。要确保变现策略的有效执行，并密切关注市场变化，以便在必要时进行调整。

总之，评估资产变现的价值需要综合考虑多个因素，通过科学的评估方法和策略，帮助企业更好地实现资产变现，优化资产结构，提高运营效率。

要想将闲置资产变现，可以采用如表 4–1 所示的四个方法。

表4–1　闲置资产变现

方法	定义	说明
直接比较法	通过比较相同或类似资产在市场上的交易价格来评估资产变现价值	市场价格可能会受到各种因素的影响，比如，市场环境、买卖双方的谈判力量等，可能需要对参考价格进行适当的调整
收益法	通过预测资产未来可能产生的收益，并将其折现到当前时间点来评估资产变现价值	对可以产生稳定收益的资产，如房产、设备等，可以提供一个相对客观的估值。但需注意的是，预测未来收益的准确性会受到多种因素的影响，比如，市场需求、技术进步等
成本法	通过计算重新购置相同或类似资产所需的成本来评估资产变现价值	如果资产已经使用了很长时间，或市场上很难找到相同或类似的资产，这种方法可以提供一个参考价值。但可能无法考虑到资产的实际市场价值，因为市场价值可能受到多种因素的影响，如市场需求、资产稀缺性等
市场法	通过分析资产所在市场的整体趋势和表现来评估资产变现价值	如果资产所在的市场有一定的规律和趋势，这种方法可以提供一个相对客观的估值。但市场法可能无法考虑到个别资产的特殊情况，如资产的质量、历史价值等

作者点评»

大量闲置资产充斥在企业中，会使企业财务数据不实，无法真实反映企业资产的运营状况，不仅会造成巨大的资源浪费，还要付出大量的管理费用，再加上还要提取折旧费用，会让管理成本大幅增加。盘活闲置资产，不仅能加速企业资金周转、减少资金占用，挖掘社会生产能力，增加供给，缓解供求矛盾，提高经济效益，还能调整投资结构、压缩投资规模、减少投资膨胀压力以及使企业资产保值增值。

5. “免费”现金流模式

“免费”是实现价值点的转移，是一种互联网逆向思维，涉及三方：用户、产品和第三方，其逻辑就是 C 端免费，B 端收费。

——王冲

用“免费”模式回笼现金流

经典案例一

一个来自山西的学生，他做写字楼生意，虽然疫情过去了，但各个行业都不景气，包括写字楼的老板。他非常着急，53岁的人满头白发，带着全家人来听我的课。我就告诉他，在现在写字楼生意不太好做的情况下，“免费”模式是一个不错的选择。用户只要交四个月的押金就可以租两年，两年后把所交的四个月押金退给租户，等于免费租写字楼给租户。但有三个条件，一是公司所有打印的业务、所有需要采购的文具都交给房东做。二是办公室经常采购的桶装水、员工订的盒饭等业务都交给房东。房东可以自己开设一个线上园区App，写字楼里的办公人员都在App上订餐就可以了，可以把消费锁在App上。三是租下来的写字楼所有的装修交给房东统一来做。这样一来，看似免费出租写字楼，却在其他渠道赚了钱。

经典案例二

一个做工程的学员，别人欠了800万元的工程款要不回来，最后欠债方给了他价值4000万元的酒抵债，拿到酒以后他发愁卖不出去。我给他一个思路，让他跟餐厅合作卖酒，谁来餐厅买酒，假设买3000元的酒，在餐厅可享受免单服务，并且还能得到3000元的餐券，等于食客喝酒我免单，很快他的酒卖完了。餐厅因为送出去了餐券，吸引了很多潜在的就餐者，实现了卖酒的和餐厅双赢。

模式分析

免费的模式在我们身边无处不在，向客户免费赠送剃须刀，是为了推销刀片；在集市或展会上让客户免费试用软件和赠送低成本的小礼品，是为了引诱消费者走向摊位。推出会员制是为了吸引后续更多的会员。总之，“免费”模式已经成了一个非常强大的模式，也是不少企业为了回笼现金流常用的手段。

在免费商业模式中，不是什么都免费，而是借助“免费”的模式吸引更多的客群，以此来达到后续营利的目的。企业至少有一个关键的客户群体是可以持续享受免费服务的。这种模式的成功在于，不付费的客户所得到的财务支持来自商业模式中的另一个客户群体。这样的设计使得免费服务成为可能，而企业仍然能够最终盈利。

在免费商业模式中，现金流的管理尤为关键。虽然有一部分客户是免费的，但企业必须确保其他部分的客户产生的收入能够覆盖成本，并产生足够的利润。要实现这一点，企业需要精准地定位付费客户群体，并提供有价值的服务以吸引他们付费。同时，企业还需要通过有效的成本控制和资金管理，确保现金流的稳定和充足。

此外，免费商业模式往往与广告收入相结合。通过提供免费的服务吸引大量用户，进而吸引广告商投放广告，企业可以从广告收入中获得盈利。这种多边平台商业模式的成功也依赖于有效的现金流管理，以确保企业能够持续提供高质量的服务，并维持与广告商的良好合作关系。

作者点评 »

免费能够协助产生营业收入和实现获利的一种营销策略。许多公司通过免费赠送或大打折扣来开展业务，以此激发消费者的兴趣，提升会员数量。“免费”模式至少有以下三个好处：第一，可以在客户群体中树立品牌意识，并强化免费用户向付费用户转变的渠道。第二，可以建立起庞大的会员群体，让会员之间建立联系，为关键的付费会员群体提供价值和特权。第三，漫长的免费期有助于吸引新会员，为企业吸引流量，最后达到回笼现金流的作用。

当然，免费不是一个孤立的策略，往往与其他重要元素结合在一起，才能发挥作用。“免费”模式要求当下有足够的价值，引起人们的兴趣，同时也能为其他业务创造价值。当用户免费使用你的服务可以为未来的用户创造更多效益时，当免费用户有机会接触到潜在用户，并帮助他们了解你的品牌时，免费的模式才是有意义的。

“免费”模式的八种玩法

经典案例一

有一个二线城市的学员想要在繁华商业街的地铁站口卖早点，但他发现沿路都是卖早点的，找不到自己的竞争优势。在我的课上，我给他放出豪言，打开思路让他成为整条早点街的“霸主”，他开始不相信。我告诉他最快、最有效的方法就是在地铁出口，举个牌子，写上“今天起，七天之内，本早点铺免费招待100名客户吃早点”。他最开始有些犹豫，害怕一天招待100名，七天还不赔惨了。但我帮他算了一笔账，月租金20000元的小店，每天租金是大约700元，两个员工每个月工资12000元，每天是400元。这两个成本是1100元，如果一个客户都没有的情况下，每天亏损1100元，一个月下来3.3万元，压力同样不小。但如果一份早餐卖15元，毛利率7%，卖一份早餐能赚10元，每天必须卖出100份早餐，才能打平。如果只能卖30份早餐，一个月就得赔2万元。反过来，如果用每天5元成本的早餐，吸引100名客户到店体验，如果当中有20%的留存率，一个月下来，就会有600名客户成为你未来的常客，这些人只要一周来一次，就能保证店铺打平。后来学员照着我的方法做了，真正体会到了“免费”模式带来的魅力。不但收回了成本，赚到了流量，还通过这一举措在平台上现场直播自己免费招待100名顾客的实况，线上也赢得了很多的点赞和播放量。

经典案例二

杭州西湖景区最早是收费的模式，门票 180 元。后来发现收费的模式并没有带来很好的现金流，于是杭州西湖所有的围栏全部拆掉，实现了“免费”模式。由于免费，游客一下子就增多了，人们早晨去西湖散步，中午在西湖周边用餐，晚上到西湖看如《西湖印象》这样的节目，遇到节假日还去西湖酒吧听音乐。总之，大家一听免费，就对西湖景区趋之若鹜。西湖景区把免费给了游客，游客把时间留在了西湖。游客的时间在哪里，钱就会花在哪里。景区看似“免费”，实则周边的一切衍生商品和服务都在收费，这是一个高明的参观“免费”盈利模式。

模式分析

“免费”模式作为一种商业营销策略，它允许用户在不支付费用的情况下使用产品或服务。“免费”模式的准确定义是：一家企业，在一段时间内，持续对一个特定的客户群体，提供免费的商品或服务，再从中转化部分客户为付费客户，或找到另外一群人愿意为这群免费客户向你付费。从定义中不难看出，免费有四个核心要素。一是一段时间内，不是永远免费；二是针对特定的客户群体，不是盲目免费，谁都免费；三是提供免费的商品或服务；四是要能从免费中变现获利，进行转化。

以上两个案例就是“免费”模式中的常见玩法，但免费的玩法远不止这两种。只要思路打开，免费的玩法还有很多，例如，下面的八种玩法。

玩法一：体验型模式。企业设计一些产品供客户进行体验，让客户对产品产生一定的认知和信赖，然后再引导他们进行消费。这种模式分为两种形式：产品性体验，设计专门用于客户体验的产品。时间性体验，客户在一定时间内可以免费体验产品，过了这个时间则开始收费。

玩法二：第三方付费模式。该模式的消费者可以免费获得产品或服务，而费用由第三方来支付。例如，很多在线平台通过广告收入来补贴内容成本，从而实现用户免费享受内容。

玩法三：产品交叉补贴模式。某个产品或服务对消费者是免费的，而其费用由其他产品或服务来补贴。例如，一些手机应用提供免费的基础功能，但高级功能或增值服务需要付费。

玩法四：时间型“免费”模式。在特定时间段内，为用户提供免费的产品或服务。例如，一些软件在特定日期或时间段内提供免费试用。

玩法五：副产品免费带动法。主要产品销售的同时，提供与之相关的副产品作为免费赠品或服务，以此吸引消费者购买主要产品。

玩法六：免费增值服务模式。提供基础功能免费，但高级功能或个性化服务需要付费。这种模式在互联网行业尤为常见，如社交媒体平台提供基础的社交功能，但广告投放、数据分析等增值服务需要付费。

玩法七：免费数据模式。通过提供免费的产品或服务，收集用户数据，并将这些数据用于分析、销售或广告目的。例如，一些搜索引擎和社交媒体平台就是通过收集用户数据来实现盈利的。

玩法八：免费试用模式。为用户提供短期的免费试用，希望试用后用户会转化为付费用户。这种模式在软件、游戏等行业广泛应用。

作者点评

在实施“免费”模式的时候，有四点注意事项：第一，确定“免费”模式的目标，是吸引用户、提高品牌知名度还是获取用户数据等。第二，确保提供免费的产品或服务时，成本能够得到有效的控制，避免亏损。第三，设计清晰的盈利途径，确保通过其他方式能够获取足够的收入。第四，提供免费的产品或服务时，仍需保证用户体验，以建立用户信任和忠诚。

解读"免费"模式的赚钱逻辑

经典案例一

洛克菲勒为什么成为全球最大的财团？第二次世界大战之后筹建联合国总部，这个时候美国的财团都在报价，要800万美金、1000万美金、1200万美金，最后的中标方案是洛克菲勒财团，为什么？报价870万美金，但是免费送给联合国总部。联合国总部是一个战后的和平组织，需要经费，就像我们每一年给联合国缴费一样，结果突然有一个公司说这个大厦我来建，而且还免费。那不用说了，联合国总部最后采纳了洛克菲勒的方案，洛克菲勒把联合国总部建在他购买的一大片纽约的长岛区，联合国总部建好后，周围的地价就水涨船高，因为周围的土地都是洛克菲勒家族买的，所以联合国总部没有赚到的钱，通过联合国总部建在这儿、土地增值，洛克菲勒把其他的钱都赚到了。

经典案例二

我国的出海高铁都是不赚钱的，如中国帮马来西亚修高铁，帮很多地方修高铁都是"免费"模式，但高铁修完以后才是赚钱的开始。因为高铁每跑一公里需要100度电，一条高铁每天有多少高铁在使用，这个300公里，那个500公里，每天要来回跑多少趟，需要多少万度电？一度电我们只需要赚一毛钱，每天想想能赚多少？修高铁免费，而电费却是盈利。因为全世界能解决电的生产和传输以及应用的国家中，我国解决了生产和传输的两大难题，成为排名第一的国家电网。

模式分析

无论是什么类型的“免费”模式，最终的指向都是为了能够给企业带来收益，带来现金流。所以，“免费”模式的玩儿法多种多样，能够赚钱的才是最牛的。有的“免费”模式初期不收费，后期收费。例如爱奇艺，对于只看前几集连续剧的用户免费，想要收看更多的内容则要付费。有的按照使用功能收费，基础免费，加值收费。例如，有的企业推出白领用户不收费，但为白领推荐匹配的内容，介绍工作则要付费。还有的“免费”模式，对个人免费，对企业收费。例如微信，个人使用不收费，企业使用则收费。每个“免费”模式的背后一定会有收费和赚钱作为出口。

“免费”模式的赚钱套路是前端免费，后端盈利，前端持平，后端盈利。我不靠前端来赚钱，但是靠前端来做引流，我靠前端来做用户流量，是为了用免费的方式吸引更多的顾客走进来。如果“免费”模式做得好，不仅对商家有利，对消费者来说也有利，这样才能让消费者后续产生更多付费的可能。互惠互利的情况下，让双方都能尝到甜头，才能让“免费”模式走得长远。

作者点评

现在不少企业都在使用“免费”模式来扩充现金流，有的企业赚到了钱，但也有的企业不赚钱，只是赔本赚吆喝。究其原因，还有两点注意事项：

首先要学会资源组合。无论做什么仅凭免费赠送是没办法让自己赚到钱的，更不可能赚到大钱，甚至会出现亏本。而真正的免费赚钱是使用了“免费”模式之后，再利用其他产品的利润来填补免费的空缺和亏损。所以，资源组织和跨界合作才是免费背后的王道。其次，找到双赢的方向。

6. 卖项目现金流模式

卖项目是企业持续赚钱的利器，产品是消费思维，项目是投资思维，老板要从卖产品的思维转向卖项目的思维，让客户毫无顾虑选择你，跟随你！

——王冲

产品越卖库存越多，项目越卖现金流越多

经典案例

白酒产业已经进入红海，尤其是在白酒行业竞争特别激烈的四川。白酒厂家多竞争大，白酒品牌的经销商日子也不好过。

王总就是某品牌白酒在三级市场的经销商，他遇到的最大困惑就是，感觉产品越卖库存越多，但钱并没有挣多少，库存好像有增无减。而且，他所代理品牌的白酒厂家对于经销商的进货有要求，比如每个月要达到一定的进货量，有滞销产品也只能选择换货而不能退。这样一来，王总就很被动，大量现金被套牢，再加上近两年，消费者对白酒的需求也大大减退，卖产品的王总当真是举步维艰。

针对王总的情况，能从根本解决问题的方法就是从卖产品“转”为卖项目。或许，大家会有一个疑问，白酒是实实在在的产品，如何能够把这么一个实际产品卖成项目？

当把白酒当作产品卖时，一瓶酱香型白酒499元，然后买一瓶酒，消费者对酒的评价就是好不好喝、有没有勾兑等。如果觉得不错，再来一瓶。

但是，现在我们要把卖产品“转化为”卖项目，怎么卖？

我卖给你5980元的两箱酒，不只是卖给你酒，还会有赠送，一是送你一个价值5980元的豪华按摩椅，二是送你价值5980元的马来西亚4天3夜的旅游。也就是说，你如果家里有按摩椅，你就可以选择马来西亚游。但

不管你选择什么，你会发现你买酒等于免费，所以这就不再是卖产品，也不是卖项目，而是卖方案了。

但是，我们要给王总的建议是卖项目，所以，我们需要以下三步：

第一步，我们把价值 499 元一瓶的酱香型白酒涨价到 1799 元一瓶。

第二步，消费者买了 1799 元一瓶的酱香型白酒，同时，赠送给消费者一张价值 1799 元的水果通兑卡。这张水果通兑卡一定是本市连锁水果店的通兑卡，能够让消费者随时去购买水果，并且通兑卡使用时间不限，可一次性消费也可以持续性消费。这就相当于，消费者的白酒是免费得到的。

第三步，再送消费者 50 万元的合伙人资格。这里需要注意的是，这种资格可能赋予持有者某些特权，如参与公司的决策、获得更多的分红、享有特定的服务或资源等，而 50 万元则是获得这种资格的入门费用。

满足以上三步，就成功地将卖产品“转化为”卖项目。看到这里，是不是就看明白一瓶价值 499 元的酱香型白酒如何就摇身一变成为 50 万元入门门槛的项目。更重要的是通过卖项目，能够快速回笼现金，做生意，现金流才是王道。

之后，我有一次出差到王总所在城市的省会城市，他特意驱车来省会见我。能够感觉到王总已经没有了上半年的苦恼和萎靡不振，他非常兴奋地跟我讲述了这半年来，他按照听课所总结出来的知识运用到实际操作中，解决了自己所遇到的问题。

模式分析

通过一系列的策略来吸引消费者购买高价的酱香型白酒。以下是对该内容的模式分析：

一是价值提升。首先，商家将原本价值 499 元的酱香型白酒涨价到 1799 元，目的是创造更高的利润空间，为后续的营销策略奠定基础。

二是赠品策略。消费者购买 1799 元的酱香型白酒后，商家赠送一张价值 1799 元的水果通兑卡。这张通兑卡可以在本市的连锁水果店使用，没有时间限制，可以一次性或持续性消费。这样的赠品策略旨在吸引消费者购买，同时给予他们实际的优惠。

三是免费或几乎免费的产品。由于水果通兑卡的价值与白酒的售价相同，消费者在购买白酒时实际上得到了一个价值相等的好处，因此，从某种意义上说，白酒似乎是“免费”的。这种策略常常用于吸引消费者注意，并刺激他们进行购买。

四是高级合伙人资格。最后，商家赠送消费者 50 万元的合伙人资格。这种资格可能带有多种特权，如参与公司决策、获取更多分红、享受特定服务或资源等。这样的策略旨在与消费者建立更紧密的关系，并可能吸引他们成为品牌的忠实拥护者或推广者。

这个模式的整体策略是通过价值提升、赠品策略、免费或几乎免费的产品以及高级合伙人资格等多个步骤，来吸引并留住消费者。每一步都是为了在增加销售额的同时，增强消费者对品牌的认知和忠诚度。

作者点评 »

产品是消费思维，项目是投资思维，打开思路赚钱。

上面的案例中，我们一起分享了卖产品、卖方案、卖项目三个逻辑。产品的背后是消费，消费者的背后是满意度。而方案的背后是好处，好处的背后是占便宜。那么，项目的背后是什么？是投资。投资的背后是回报率。

所以，经典案例告诉大家市场上不缺产品，也不缺爆品，缺的是靠谱的赚钱机会，卖产品是消费的思维，卖项目是投资的思维，产品越卖库存越多，项目越卖人越多，所以这是无数老板要学习的，只有这样才能把你的企业推到一个新的高度。所以希望从现在开始，很多具体的一些商业应

用能为大家所用，能把你的思路彻底打开，回到你们的县城，回到你们的城市，你将成为当地的商业引领者。

虽然王总是在一个三线城市，也就是我们所说的地级市。在我国，有差不多 293 个地级市，这些城市相对来说没有一二线城市所具有的庞大市场和消费者群体。但是，如果像王总这样将卖产品转化为卖项目，就能够在三线市场飞速崛起，甚至可以率先抓住三线城市最强有力的“资源”，让“资源”心甘情愿成为自己的合伙人的同时，能够以最快的速度获利。

小老板卖产品，中老板卖方案，大老板卖项目

经典案例

从上一节案例我们了解到把一瓶499元的酱香型白酒最终“转变为”项目，我们这节就把这个项目称之为“酒仙”项目。或许很多人不理解，王总怎么通过这个项目赚钱呢?

按理说，499元一瓶的酱香白酒大家都嫌贵，那卖1799元有人买吗?我们详细来看一下:

第一步，将酒直接卖到1799元，并赠送一张水果通兑卡，容易理解。

第二步，送给购买1799元酱香酒的消费者一个成为50万元合伙人的资格。

卖项目的重点就在于第二步，50万元合伙人是怎么运作的。首先，卖项目时，买项目的不是消费者而是投资者，当投资者购买之后，就给了他一个50万元的合伙人资格，也就是让他帮忙找9个投资人。

请注意，对于合伙人来说，找到的B1、B2、B3、B4、B5、B6、B7、B8、B9投资人，分配比例是B1占10%、B2占20%、B3占30%、B5占50%、……B9占90%。当然，遇到非常厉害的合伙人，可能直接找到B10，甚至B18时，那么，分配比例是从头开始B1占10%……B9占90%。所以，这个“酒仙”项目就是一个9个人模型。

然而，B1一直到B81并不完整，完整的模型是B1下面还有C1开始的9人模式，一直到C81。所以，C的佣金平均每个月20%，一年12个月，

一个月 1799 元。

那么 B 的收入是多少呢?

B 的收入是每个人一个月 1799 元，一年有 12 个月，平均佣金是 50%，所以 B+C 的全部收入就是 44.6 万元。

有人说，王老师，找到 D 的呢？D 跟 A 就没有关系了，D 单独再成立新公司。

所以，不只是四川的王总运用这种方式让自己成为商业顶端，把卖产品转变为卖项目。

模式分析

这是一个涉及多层次营销或网络营销的策略。在这种策略中，重点是鼓励投资者购买项目并成为合伙人，然后这些合伙人再去寻找其他投资者，形成一个层次结构。接下来，我会逐步解释这个运作模式的细节。

一是投资者与合伙人的角色。投资者购买项目后，不仅获得了项目的权益，还获得了合伙人资格。这种双重身份意味着他们既是项目的拥有者，也是项目的推广者。

二是合伙人的职责与激励。作为合伙人，他们的主要任务是寻找其他投资者。这些投资者将被分配到不同的层级，从 B1 到 B9，甚至更高。为了激励合伙人积极寻找投资者，设定了不同的分配比例。随着层级的上升，分配比例也增加。例如，B1 获得 10%，而 B9 则获得 90%。这种设置旨在鼓励合伙人寻找更多的投资者，并推动他们进入更高的层级。

三是 9 人模型与扩展。“酒仙”项目的核心是 9 人模型，即每个合伙人需要找到 9 个投资者。这些投资者也将成为新的合伙人，并继续寻找更多的投资者。该模型不仅限于 B 层级，还可以继续向下扩展到 C 层级（C1 到 C81）。这意味着每个 B 层级的合伙人都可以建立一个自己的 9 人团队，从而形成一个庞大的网络。

四是佣金与收入结构。在这个模型中，佣金是主要的收入来源。C 层级的合伙人每个月可以获得平均 20% 的佣金，这意味着他们每个月可以赚取 1799 元。对于 B 层级的合伙人来说，他们的收入由两个部分组成：一是直接从他们自己引入的投资者那里获得的佣金；二是从他们团队中的 C 层级合伙人那里获得的佣金。平均佣金为 50%，这意味着 B 层级的合伙人每个月可以从每个 C 层级的合伙人那里获得额外的收入。

总结起来，这种运作模式的核心，是通过激励合伙人寻找更多的投资者来扩大项目的影响力和收益。通过设定不同层级的分配比例和佣金结构，该模式鼓励合伙人积极推广项目，并形成一个多层次的营销网络。然而，这种模式也需要注意合规性问题，确保不违反相关法律法规，并遵循道德和商业伦理。

作者点评 »

高手老板不卖产品只卖项目，越卖项目现金流越多。

小老板卖产品，中老板卖方案，大老板卖项目，所以三个不同的老板卖的东西不一样，普通老板卖产品，越卖库存越多，高手卖方案，越卖方案库存越少，领袖级老板卖项目，越卖项目现金流越多。这就是为什么很多人愿意买房，几百上千万的房产对于很多人来说并不是消费，而是投资。

投资是什么？是能够“钱生钱”。就像买房，买房是什么？投资。

作为老板要知道，学习是最赚钱的投资，没有一个比学习更赚钱，只要找对了一个老师，公司发展是顺其自然，你就跟着我走个半年时间，你的公司不变，那是诡辩，是不可能的事。你只要愿意，我每期课你都来听，持续复训，每次课就学一点就好了，然后把那一点落地，你的公司将会有脱胎换骨的变化。

我们的公司也非常简单，“1981”就是一家公司，认真看上面两节案例的同学能够马上理解什么是“1981”。

所以，我们再次来回顾一下，非常简单，就是说产品的最后只能评价满意度，卖方案的一定是让客户占到便宜，卖项目的是给他讲回报率，在卖项目中，给客户讲解回报率不仅是必要的，而且是至关重要的。这是因为项目通常涉及较大的投资、复杂的工作流程以及较长的执行周期。在这样的背景下，用户往往会对投资的安全性和未来的收益有着高度的关注和疑虑。因此，我们需要通过讲解回报率来消除客户的顾虑，并展示项目的长期价值。

对于用户而言，只要他认为投资一没有风险，二有回报，很多人就愿意把这个钱拿出来，各位说是不是？

赚不到钱的底层逻辑是思维定式

经典案例

齐总一直做着蔬菜、水果和土产的批发销售工作，还经营着一家农庄，地里面种植了小米、绿豆等杂粮，有几座山养着土猪、土鸡、土鸭，还搞了很多樱桃树、苹果树。然而，蔬菜水果农作物长势良好，收成也好，销路却遇到了难题，经常滞销，齐总很是焦心，这可如何是好?

齐总面临的问题不仅是销售问题，更是思维模式的转变问题，他的思维形成定式，短时间内很难转变。传统的销售模式，如批发销售，重点在于销售产品，即农庄产出的蔬菜、水果、杂粮以及土产等。然而，随着市场竞争的加剧和消费者需求的多样化，单纯的产品销售已经难以满足市场的需要。

在这种背景下，齐总需要转变思维，从卖产品到卖项目。卖项目不仅意味着销售产品，更意味着销售一种生活方式、一种体验、一种情感连接。这是一种更高层次的销售，它不仅是物质层面的交易，更是精神层面的满足。把卖产品彻底转化为卖项目，具体操作如下。

步骤一，让用户投资3万元。此步骤旨在吸引用户投资。这3万元不仅用于购买樱桃园的土地使用权，还用于后续的种植、管理和运营。

步骤二，认领一亩樱桃园土地。用户完成投资后，可以认领一亩樱桃园的土地。这意味着用户将成为这片土地的实际拥有者，并有权决定如何使用这片土地。

步骤三，每年产出可自用、可售卖。用户可以根据自己的需求选择使用樱桃园的产出。他们可以选择将樱桃自用，也可以选择将其售卖以获得额外收入，齐总这边每年返还给用户 1.8 万元作为收益。

步骤四，该项目的使用期限为 7 年，在这段时间内，用户可以享受樱桃园的使用权和收益权。

步骤五，7 年后退回 3 万元成本。7 年后，企业会退还用户最初投资的 3 万元成本。这意味着用户不仅能够收回最初的投资，还能够在这 7 年间通过售卖樱桃获得额外的收益。

从卖产品到卖项目的转变，不仅能够帮助齐总解决销售难题，更能够实现农庄的转型升级和可持续发展。这种转变需要齐总具备前瞻性的思维、创新的意识和敏锐的市场洞察力。只有这样，齐总才能够在激烈的市场竞争中脱颖而出，实现赚大钱的目标。

通过学习，齐总转变思维，从卖产品变成卖项目，设计会员方案，招收了 2700 个会员，卖出 6000 多张兑换卡，轻轻松松将农产品出售，并且不再为销路问题所困。希望这个小小的案例能够给你一点启发，如果你也想改变，欢迎参加我的线下课程，一起聆听靠谱、干货、有效、接地气的商业智慧！

模式分析

实业从传统的卖产品模式转化到卖项目模式，是一个战略性的转变，涉及企业经营理念、市场定位、商业模式等多个方面的调整。以下是关于这种转变的详细阐述。

一是经营理念的转变。从单纯的产品制造和销售，转变为提供解决方案或服务。这意味着企业不仅要关注产品的质量和功能，更要关注客户的需求和痛点，为客户提供整体的解决方案。从短期利润导向转变为长期价值导向。卖项目模式更注重与客户的长期合作和关系维护，追求的是长期的稳定收益和客户满意度。

二是市场定位的调整。从广泛的市场覆盖转变为精准的目标客户定位。卖项目模式要求企业更加深入地了解目标客户的需求和偏好，以便为他们提供更加个性化的产品和服务。从传统的销售渠道转变为多元化的营销方式。这包括线上平台、社交媒体、线下体验店等多种渠道，以便更好地触达目标客户。

三是商业模式的创新。从单一的产品销售转变为多元化的收益模式。卖项目模式允许企业通过提供附加服务、定制解决方案等方式，实现多元化的收益来源。从简单的买卖关系转变为深度的合作关系。企业与客户之间不再是简单的买卖关系，而是深度的合作伙伴关系，共同创造价值和分享收益。

总之，实业从卖产品模式转化到卖项目模式是一个系统性的工程，需要企业在多个方面进行调整和创新。只有不断适应市场变化、满足客户需求、创造价值的企业才能在竞争中脱颖而出，实现可持续发展。

作者点评»

从卖产品转化到卖项目，普通老板转变思维赚大钱。

卖项目相比于单纯卖产品，更容易获取现金流。与单一产品相比，项目的整体价值往往更高，因此能够带来更大的现金流。而且，当企业销售项目时，往往需要与客户建立长期合作关系。这种合作关系意味着企业可以定期从客户那里获得收入，从而稳定现金流。最重要的是项目销售不仅是销售产品，还包括为客户提供相关的服务、支持和培训。这种全面的解决方案能够增加客户的满意度和忠诚度，从而增加企业的现金流。

然而，要想通过卖项目获取更多的现金流，企业也需要具备一定的能力和条件，如强大的项目策划和执行能力、专业的销售团队、优质的售后服务等。同时，企业还需要不断学习和改进，以适应市场变化和客户需求的变化。

总之，虽然卖项目相比于卖产品更容易获取现金流，但也需要企业具备相应的能力和条件。只有不断提升自身的实力和服务质量，才能在激烈的市场竞争中获得成功。

7. 押金、保证金现金流模式

押金模式就像是一次精心策划的“甜蜜”交易，而现金流则是这次交易中的“甜蜜果实”。

——王冲

保证金，解决企业现金流的最佳利器

经典案例

以一位学员的碳中和项目为例，他专注于为企业提供碳中和解决方案。为了帮助这个项目取得更大的突破，我为他找到了一个策略。这个策略的核心在于建立一个广泛的合伙人网络，涵盖全国范围内有资源的企业家。

这些企业家不仅是合作伙伴，更是我们项目的关键推动者。我鼓励他们在自己的当地协会中组织一场针对规模较大的企业（如年营业额在3000万元、5000万元以上的企业）的碳中和讲座。通过这种方式，我们能够直接接触到那些对碳中和有需求的企业，进而为他们提供服务。

在讲座结束后，我们会向参与的企业发放一份调查问卷。填写完问卷后，我们的技术工程师将免费前往这些企业服务三个月，深入了解他们的运营状况和碳中和需求。服务结束后，我们会根据为企业提供的实际价值与他们商讨合作方案。

假设我们的碳中和方案成功帮助企业实现了节能减排、流程优化等目标，从而节省了1000万元的成本。在这种情况下，我们愿意分享600万元的收益给企业，而自己保留400万元。这种互利共赢的合作模式不仅降低了企业的风险和成本，还为我们带来了可观的收益。同时，它也展示了如何将合伙人转化为资本的有效策略，实现了双方的共同发展。

这个创新点在于我们采用了保证金式的合伙人制度。你无须向我支付任何费用，只需交纳 10 万元的保证金。一旦你决定参与，这 10 万元保证金就会留在我们这里，而当你决定退出时，我们会在第二天无条件退还这笔保证金。你的任务是在当地组织起 50 家年产值超过 3000 万元的企业。相较于过去业务员烦琐的客户开发工作，这种方式更直接、高效。

我们关心的是能否真正为客户创造价值，降低他们的成本。如果能做到这点，那么 10 万元的保证金就是你参与的门槛。作为合伙人，你需要满足三个条件：首先，如果是商会的会长或副会长，你只需交纳 10% 的保证金；其次，你的参与将覆盖我们服务的 50 家或 100 家企业；最后，根据我们为你提供的方案所创造的价值，我们将按比例与你分享收益。这意味着，交纳 10 万元保证金后，你将年年享有分红。

在现场，我们会首先展示实际成果，然后详细讨论合作合同的分配方式。我们会明确我在碳中和方案中为你节省了多少成本，以及我们各自应分得的份额。同时，我们会商定每个月的结算方式及合同中需要注意的各项细节。为了确保合作顺利进行，我们会定期组织优秀的企业代表到上海参加分享交流会，这不仅有助于建立企业间的联系，还能推动我们业务的进一步发展。

我们之所以重视这种联系，是因为我们希望与表现优秀的企业建立更紧密的合作关系。他们会继续成为我们的合伙人，并为我们吸引更多潜在客户。这种模式将促使我们不断拓展业务，最终将其推向资本市场。这就是我们所追求的黏性商业模式，它将确保我们顺利实现盈利。

模式分析

最容易变现的方法是通过将合伙人转化为资本的方式实现。这种模式的核心在于利用合伙人的资源和能力，将其转化为企业的资本，从而推动企业的快速发展和盈利。

在这种模式下，合伙人不再仅仅是企业的合作伙伴或员工，而是成为企业的股东或投资者。他们可以通过出资、提供技术、渠道、品牌等资源，获得企业的股权或债权，从而分享企业的发展成果和利润。

通过将合伙人转化为资本，企业可以迅速获得大量的资金和资源支持，降低自身的经营风险和成本，提高市场竞争力。同时，合伙人也可以获得更多的收益和回报，实现自身价值的最大化。

在实施这种模式时，企业需要建立完善的合伙人制度和管理机制，明确合伙人的权益和责任，确保合伙人的利益得到充分保障。同时，企业也需要对合伙人进行严格的筛选和评估，确保他们具备足够的实力和信誉，能够为企业提供有效的支持和帮助。

总之，将合伙人转化为资本是一种有效的变现方法，可以推动企业的快速发展和盈利；但同时也需要企业建立完善的制度和机制，确保合伙人的利益得到充分保障，实现共赢发展。

作者点评 »

老板只要懂一个逻辑，成功杀进客户心里，就能把钱赚到手。

作为老板，有一点必须时刻铭记：所有的学习都不能偏离“现金”二字。若忽视了这一点，所有的努力都将失去意义。真正杰出的领导者，他们的核心关注点始终是现金流。优秀的老板懂得如何设计一款卓越的产品，能够精准洞察并满足客户的需求。这也是我今天想与大家分享的商业逻辑的核心。

尤其对于那些营业额在1000万元以下的小企业老板来说，战略聚焦和差异化竞争尤为重要。在这个竞争激烈的市场中，没有独特的竞争优势，很难脱颖而出。差异化是你生存和发展的关键。

有人可能会问，王老师，这种策略适用于我的行业吗？其实，一个好

的商业模式是可以跨行业应用的。关键在于你如何推广、如何组织。模式只是一个工具，真正重要的是你的执行力和创新思维。我希望今天分享的这些理念和具体应用能启发你们，帮助你们回到家乡、回到自己的城市，成为当地商业领域的佼佼者。

最厉害的商业模式交保证金

经典案例

在许多老板的观念中，利润似乎是衡量企业成功的关键指标。但在我看来，现金流的重要性远超利润。有些老板自豪地告诉我他们拥有百分之二十几的利润，然而，这只是一个数字，如果没有实际的销售，这些利润便无从谈起。

以我最近帮助的一位批发门的学生为例，他的营业额高达6000万元。他的上游是专门生产木门的厂家，而出售给下游的夫妻店和小装修公司时，每扇木门的成本是1200元，厂家的出厂价是1080元，他则以1400元的价格卖出。这些门店再将这些门以2000～3000元的价格卖给最终客户。这种商业模式似乎很常见，但背后的现金流管理才是决定企业生死的关键。

对于这位学生来说，虽然利润看起来不错，但如果现金流管理不善，企业仍可能面临困境。因此，我建议所有老板都应该将现金流视为企业的生命线，确保资金的流入和流出得到妥善管理。只有这样，企业才能在竞争激烈的市场中立于不败之地。

你可以选择交1万元至10万元的保证金，这样你就可以以统一价格1080元从我这里拿货。如果你选择不交保证金，你将需要以1400元的价格拿货。一旦你交了保证金并开始拿货，这保证金就会生效；如果你停止合作，保证金会全额退还给你。那么，你愿意选择1080元的价格还是1400元的价格呢?

再如，手持两三千万时，全力扶持下游，将销量从6000万元提升至1亿～1.5亿元。销量增长后，利用订单与木门材料商合作，增加木门厂销量。木门厂过去一年从我处采购6000万元，现在预计可达1.5元～2亿元。因此，建议木门厂选择特定材料商，确保价格与市场相符。此材料商为我入股公司，我提供100万元保证金，保证每年增加3000万元订单量，按市场价交易。连续两年实现后，木门厂需转让30%股份；若未实现，我放弃保证金。若完成，则需转让30%股份。明白为何生意难做吗？因为许多老板仍停留在赚产品差价的思维，而我更看重现金流。记住，利润是努力实现的，而现金流需巧妙策划。现金流的重要性远超利润。有50%毛利的产品，只有销售出去才有利润，否则毫无意义。因此，老板们需明白，利润在交付完成后才真正产生。

需要强调的是，今天你们是否能让下游客户一次性支付你500万元？他们是否支付，实际上取决于你们是否能为他们设计一个具有吸引力的方案，让他们觉得支付这笔钱是值得的。

如果你们还是像过去那样只是提供货物而不考虑客户的利益，他们可能不愿意支付。但是，如果你们能够给出足够的好处，比如，帮助他们优化资金流或者获得其他利益，他们可能会考虑从银行取钱来支付给你们。

确实，我已经强调了现金流的重要性。老板们应该明白，现金流和利润往往不能兼得。有时，即使你有利润，也不一定有稳定的现金流。然而，只要有稳定的现金流，利润自然会随之而来。

模式分析

保证金商业模式是一种在商业活动中常见的策略，它要求参与者在进入某个市场、签订合同或进行交易时缴纳一定金额的保证金。这种模式的核心目的是确保参与者的诚信和履行承诺的能力，降低交易风险，并维护市场的稳定和公平性。

保证金商业模式最厉害之处在于其风险控制和激励机制的双重作用。第一，通过要求参与者缴纳保证金，商家或市场方能够有效地筛选出有实力和诚信的合作伙伴。那些不愿意或无法支付保证金的参与者往往会被视为风险较高或缺乏诚信，从而被排除在市场之外。这样一来，市场上的参与者质量得到了提升，降低了整体风险。第二，保证金作为一种履约保证，能够促使参与者更加认真地履行合同和交易义务。因为一旦违约，保证金可能会被扣除作为违约金或赔偿金，这对参与者来说是一种经济上的压力和约束。因此，他们会更加谨慎地选择合作伙伴、控制产品质量和服务水平，以确保交易的顺利进行。第三，保证金商业模式还具有激励机制。通过设定合理的保证金金额和退还规则，可以激励参与者更加积极地参与市场活动，提高交易效率和质量。

作者点评 »

现金比利润更重要，没有现金支撑的利润都是空的。

这背后的原因，源于我一直深入研究的方向——企业的核心问题。首先，人是企业的核心资源，也是最难以管理的部分。每个员工都有自己的思想、情感和动机，如何激发他们的积极性、如何确保他们的工作效率、如何培养他们的忠诚度，这都是企业需要面对的挑战。其次，资金是企业的生命线，没有足够的资金支持，企业很难持续发展。最后，企业的运营和发展需要解决各种实际问题，如市场竞争、产品创新、客户关系维护等。这些问题看似复杂多变，但背后都有其规律和逻辑。我通过研究和实践，总结出了许多实用的商业模型和策略，能够帮助企业快速找到解决问题的关键。

在我来看，赚钱永远都是赚别人看不到的。这也是我致力于分享具体

商业应用的原因。我希望通过我的经验和知识，能够帮助更多的人打开思路，成为当地的商业引领者。无论是回到县城还是留在城市，只要掌握了商业的核心规律，就能够在激烈的市场竞争中脱颖而出，实现企业和个人的成功。

押金模式，一次精心策划的“甜蜜”交易

经典案例

在安徽合肥的一处新兴小区楼下，一家超市以其独特的商业模式吸引了大量居民。这家超市主打日常用品、小家电、蔬菜水果等，满足了居民们的基本生活需求。活动从8月11日开始，原计划持续7天，但因其受欢迎程度超出预期，仅在3天内就实现了270多万元的充值额，并成功锁定了2000多名周边会员。

这家超市的地理位置是成功的关键。它位于居民区的十字路口，不仅方便居民前往，还能吸引过往的行人。超市门口的空旷场地提供了充足的停车空间，为居民们带来了便利。而在进行促销活动时，这片空地更是成了聚集人气的绝佳场所。

超市运用了什么方法呢？就是收取押金。

押金模式优惠一：消费者只需支付1880元押金，即可立即获得价值1980元的电动车一辆，以及价值199元的品牌电饭锅一个。现场支付，即可立刻带走您的心仪商品。但请注意，此优惠名额有限，仅限前29位顾客。

押金模式优惠二：若选择支付2980元押金，您将不仅获得价值3280元的电动车一辆和价值199元的品牌电饭锅一个，还将额外获得价值498元的高档四件套一套。同样，现场支付，即可立即带走所有赠品。但此优惠名额更为有限，仅限前19位顾客。

关于押金退还的说明：对于上述两种优惠，所支付的押金并非一次性

退还。而是将根据消费者的选择，分 12 个月或 24 个月逐步退还。这样的设计旨在确保顾客能持续享受我们的服务，并与我们建立长期的合作关系。

关于押金退还的具体时间，我将在月中或月底的两天统一为您处理。这样做的主要意义有以下三点：首先，押金为我们提供了现金流的支持。当消费者支付 1880 元押金时，即便扣除电动车和电饭锅的成本（假设为 1000 元），我们仍然能够获得 880 元的现金流用于日常经营和周转。其次，押金分期退还的设计旨在增加消费者与我们店铺的互动。无论是选择 12 个月还是 24 个月的分期退还，每次您到店领取押金时，都为我们提供了一个与您接触的机会。这不仅增强了您对我们品牌的认知，还为我们提供了更多的机会为您推荐其他商品或服务。最后，对于那些最终选择前来领取押金的顾客，他们不仅享受到了商品和服务，还在每个月都获得了与店铺互动的机会。这种持续的互动不仅增强了客户与店家的联系，也为客户锁定了长达 24 个月的潜在顾客关系。

总之，押金的设计既为商家的经营提供了现金流支持，又为客户提供了更多的互动机会和优惠。

模式分析

押金模式是一种在商业中广泛应用的策略，它要求顾客在交易开始时支付一笔额外的费用作为押金，以确保交易的顺利进行和商品的完好归还。这种模式在租赁、酒店预订、共享单车等行业中尤为常见。

押金模式具有以下三个方面的作用：一是风险控制。押金作为一种经济担保，可以降低商家面临的风险。例如，在租赁业务中，押金可以确保租赁者不会损坏或丢失租赁物品而不赔偿。二是约束行为。押金能够约束顾客的行为，使其更加谨慎和负责任。这有助于维护商家的利益，同时也保护了其他顾客的权益。三是资金流动。押金可以作为商家的流动资金，虽然最终会退还给顾客，但在交易期间，商家可以利用这部分资金进行其他投资或运营活动。

对于押金模式的应用，不妨采取我给出的以下三点建议：一是透明收费。商家应该明确告知顾客押金的目的、金额和退还方式，确保收费透明公正。二是合理设置金额。押金金额应该根据商品的价值、租赁期限等因素合理设置，避免过高或过低。三是及时退还。商家应该在交易结束或商品归还后及时退还押金，避免造成顾客的不便和不满。

总之，押金模式是一种有效的风险管理工具，但也需要商家合理运用和管理，以维护顾客的权益和自身的声誉。

作者点评»

用少量钱约束行为，降低整体风险，保障交易公平。

想象一下，押金模式就像是一次精心策划的“甜蜜”交易，而现金流则是这场交易中的“甜蜜果实”。

当顾客走进店铺，准备租用电动车或电饭锅时，他们支付的那笔押金就像是送给商家的一次“小礼物”。这份“小礼物”在商家的手中，瞬间变成了一颗闪闪发光的“甜蜜果实”——现金流。商家可以用这笔现金流来支付日常开销，甚至可能买上一杯心仪的咖啡来犒劳自己。

而这次“甜蜜”交易的妙处还不止于此。商家通过设定押金分期退还的规则，巧妙地让顾客每个月都回来“领取礼物”。这样一来，顾客不仅享受到了商品或服务，还被迫与商家保持了一种“甜蜜”的联系。每次顾客回来领取押金时，商家都有机会再次向他们推销其他商品或服务，就像是在给这次“甜蜜”交易加上了更多的“甜点”。

押金模式和现金流之间的关系就像是一次充满趣味的“甜蜜”交易。只要商家能够合理运用和管理这笔“小礼物”，不仅能够享受到现金流的好处，还能够与顾客建立更加紧密的联系。但记住，一定要小心呵护这颗“甜蜜果实”，别让它变质了！

8. 预付费现金流模式

这个模式主要基于预付费用、消费额度以及赠品策略来吸引消费者，即通过促进消费者的高频消费和增大消费额度来实现盈利。

——王冲

套餐模式，精心设计的现金流模型

经典案例

在熙熙攘攘的城市中，一对充满热情的90后小夫妻开启了他们的麻辣串串店之旅。初涉商海，他们虽然满怀憧憬，但面对繁杂的开业准备，仍然感到有些手足无措。短短的时间内，各种杂费累积起来高达30万元，让两人倍感压力。而更大的挑战在于，他们不知道如何策划开业活动来吸引顾客。

正是在这样的背景下，他们找到了我们，希望能够得到一些建议。在经过深入的交流与分析后，我为他们量身定制了一套开业活动方案。令人惊喜的是，这套方案在短短两个月内，帮助他们实现了90万元的营业额。那么，他们是如何做到的呢?

第一，引流之策。他们推出了仅需3元的会员卡，顾客办理后即可免费享受价值128元的双人套餐一次。这一优惠迅速吸引了大量市民的关注，许多人都被这一超值的优惠所吸引，纷纷前来尝试。

第二，截流之计。为了留住顾客，并促使他们成为忠实顾客，小夫妻又推出了两大截流策略：一是友情共享优惠的小节流。充卡500元，即可免费邀请朋友一同享受一个月的128元双人套餐。这一策略不仅增加了顾客的回头率，还通过顾客的邀请，将优惠传播给了更多的人，进一步扩大了店铺的知名度。二是充值翻倍大礼包的大截流。充1000元即送1000元，并额外赠送价值 1 万元的大礼包。这样的大手笔优惠，无疑是对顾客极具吸引力的。它不仅让顾客感到物超所值，还激发了他们的消费热情，使他们更愿意在店内多次消费。

我们总结一下小夫妻的引流策略：设计 128 元双人套餐；3 元办会员卡，发至朋友圈集 31 赞，开业免费带友吃；串串受年轻人喜爱，活动吸引，开业前售出 1300 多张卡。

再总结一下在引流的同时做出的截流策略：充 500 元，一个月内免费吃双人套餐；多种口味可选，每日不重样；消费者难以抗拒，500 元享一个月美食。

看到上面两个政策，可能就会想顾客这么吃，小夫妻的店还不得亏了。我们来看一下：

该套餐专为两人设计，成本约 30 元。因此，500 元足够顾客享受约 16 次的双人餐。看似频率颇高，平均每 1.87 天就要来一次。但实际上，顾客不太可能这么频繁地光顾。多数顾客可能认为，只要来吃过 4 次，就已经赚回了成本，因此老板在大多数情况下都不会亏钱。

再者，顾客在享用串串时，不太可能仅局限于套餐内容。他们很可能会点些酒水、饮料或其他口味的串串，这些额外点单都是老板的利润来源。所以，尽管表面上看起来老板在亏钱做促销，但实际上他并未受损。

此外，通过这一策略，店内客流量明显增加。人们往往喜欢热闹的地方，哪里人多就喜欢去哪里。这种效应进一步吸引了其他顾客进店消费，从而促进了整体营业额的增长。

当客户因优惠活动频繁回流时，店家还有更大的商业计划等待实施。这一连串的策略不仅提升了店铺的知名度，还为店家带来了可观的收益。

模式分析

这个套餐模式看似吸引人，其基础是一个精心设计的现金流模型。它主要基于以下四个假设和要素。

一是套餐成本与定价。该套餐专为两人设计，成本约30元。这意味着每次服务两位顾客时，餐厅的直接成本是30元。餐厅可能还考虑了其他间接成本，如租金、员工工资、运营成本等，但在这个模式中，主要关注的是直接成本。

二是顾客消费频率。根据这个模型，500元足够顾客享受约16次的双人餐。这意味着顾客每花费500元，就可以在他们的餐厅用餐16次。这听起来很吸引人，因为它似乎提供了高频次的用餐体验。

三是顾客行为假设。该模式假设顾客不太可能真的每1.87天就来一次，这是一个重要的认知。实际上，大多数顾客可能会认为只要来吃过4次，就已经赚回了成本。这反映了顾客的心理预期和感受，他们可能更愿意在一段时间内分散消费，而不是高频次连续消费。

四是盈利预期。从老板的角度来看，只要顾客来吃过4次，他们就已经赚回了成本。这意味着对于每个顾客，即使他们只来4次，餐厅也能实现盈亏平衡。当然，如果顾客来得更多，餐厅就能实现盈利。

这个模式的优点在于，它利用价格吸引顾客，通过降低单次用餐的成本，使顾客感觉获得了更多的价值。同时，它也考虑了顾客的心理预期和行为模式，使餐厅在大多数情况下都能实现盈利。

作者点评»

现金流就是企业的生命线，也是老板终极追求之所在。

在餐饮创业的道路上，成功的开业活动往往能够为店铺带来大量的曝光和顾客流量。上述这一成功案例背后，不仅体现了我作为策划者的专业素养和精准洞察，更展现了夫妻创业者对于事业的热情和执着。他们在创业道路上不畏艰辛，勇于尝试新的营销策略和经营模式，通过实际行动证明了只要有好的方案和努力付出，

就一定能够在激烈的市场竞争中脱颖而出。

此外，值得一提的是夫妻俩对于现金流管理的重视和运用。在开业活动期间，他们通过合理的资金调配和成本控制，确保了店铺的稳定运营和持续盈利。这种对于现金流的敏锐洞察和精细管理，不仅为他们在开业期间赢得了良好的经济效益，更为他们今后的经营发展奠定了坚实的基础。

预付费消费模式的四大关键点

经典案例

丁总在万达广场投入千万元装修门店，打造餐饮品牌。然而开业之际，面临170万元房租压力，试营业三个月利润不足以支付。正当他考虑借贷之际，在我这里上了一个课程为他指明方向。丁总巧妙策划活动，不仅解决了房租难题，生意也日渐红火，食客络绎不绝。究竟他运用了哪些神奇策略?

丁总运用了以下三大策略，迅速吸引了大量消费者充卡，解决了房租压力，并使生意持续火爆。

策略一：充5000元送5000元+OPPO手机。消费者充值5000元，即可额外获得5000元消费额度及一台OPPO手机，总价值达1万元。

策略二：充1万元送1万元+4880元电动车。充值1万元，额外赠送1万元消费额度及一台价值4880元的电动车，总价值高达2万元。

策略三：充5万元送5万元+5万元比亚迪汽车。一次性充值5万元，将额外获得5万元消费额度及一台价值5万元的比亚迪汽车。

短短3天内，通过上述三大极具吸引力的充卡活动，丁总成功吸引了300万元的充值金额，不仅解决了房租问题，还为未来的生意奠定了坚实的基础。这一成功的商业模式展示了如何通过巧妙策划活动，实现双赢局面，既满足了消费者的需求，又提升了商家的营业额。

下面我们来解析这个活动如何为老板带来利润。

策略一充5000元送5000元+手机活动看似亏本，实则巧妙盈利。顾客充5000元即得5000元现金及5000元消费卡（每次仅抵10%），促其消费5万元+。手机成本1000元，但具促销价值。此活动资金回流快，刺激消费增长，老板稳赚不赔。

策略二充1万元送1万+4800元电动车，老板利用充5000元送5000元原理盈利。顾客充1万元可自由消费，另送1万元消费卡（每次抵20%），相当于8折优惠。电动车成本2000元，整体算来顾客享6折。尽管优惠力度大，老板仍盈利：（1）6折也赚钱；（2）老板得1万元现金减电动车成本，仍有8000元资金沉淀；（3）消费卡未用前老板无损失，此策略吸引顾客并保障利润。

策略三充5万元送5万元，再送一台5万元的比亚迪汽车，这个活动老板是怎么赚钱的？顾客充了5万元就成为丁总的城市合伙人，而且5万元可以在店里随意消费。送5万元送的还是5万元的现金消费卡，这张现金消费卡可以抵每次消费金额的20%使用。送的一台5万元的比亚迪汽车，给客户首付30%，也就是15000元。这样算下来相当于是给顾客打了一个7折而已，但是顾客的钱可是实打实地成了丁总手里的现金流。

丁总没有学习以前，就是靠卖产品为主，学习之后，做了一次活动，进入了卖商业模式，通过后期的产业链升级，建立以餐厅消费为主的生态项目，成了生态闭环。这时候丁总已经是靠卖项目来赚钱了。

模式分析

这个商业模式主要基于预付费用、消费额度以及赠品策略来吸引消费者，并从长远来看，通过促进消费者的高频消费和增大消费额度来实现盈利。

一是预付费与资金沉淀。消费者预先支付一定金额（如5000元、1万元或 5 万元），这部分资金直接进入商家的账户，形成资金沉淀。商家可以利用这些资金进行投资、运营或其他盈利活动。

二是消费额度刺激消费。商家提供的额外消费额度（与预付金额等值）鼓励消费者增加在店铺的消费。消费者会倾向于用完这些额度，从而增加商家的营业额和利润。

三是赠品吸引消费者。商家提供高价值的赠品（如 OPPO 手机、电动车和比亚迪汽车）来进一步吸引消费者。这些赠品增加了活动的吸引力，使得消费者更愿意参与并支付预付费用。

四是长期盈利逻辑。商家通过这种模式，虽然短期内可能因赠品而减少利润，但长远来看，由于消费者增加了消费频次和额度，商家可以通过提高商品和服务价格、推荐新品或增加额外服务来弥补这部分损失，并实现盈利。

这种商业模式通过预付费用、消费额度以及赠品策略来吸引和留住消费者，并通过提高消费频次和额度来实现长期盈利。然而，商家需要谨慎评估和管理风险，以确保该模式的可持续发展。

作者点评 »

预付费消费，双赢才是硬道理，商家、顾客都满意。

这个商业模式采用了大额预付费和高价值赠品来吸引消费者，具有较高的吸引力和激励作用。它具备以下几个优点。

通过大额预付费，商家可以迅速获得大量资金，并利用这些资金进行再投资或其他经营活动，提高资金的流动性和利用效率；商家提供的赠品如电动车和比亚迪汽车等，极大地提高了活动的吸引力。消费者通常会被这些赠品所吸引，从而增加参与活动的意愿；通过提供大额消费额度，商家可以绑定消费者在其店铺进行长期消费。这种绑定关系有助于商家建立稳定的客户群，增加客户的忠诚度和回头率；由于消费者获得了额外的消费额度，他们可能会增加在店铺的消费频次和金额，从而带动商家销售额的增长。

丁总在上完我的课程之后能够将课程知识结合实际，最终让自己脱离经营困境，并且最终通过所学的商业模式，成为这一商业领域的领跑者。

忠诚度在预付费面前达到最高峰

经典案例

购买过茶油者皆知，其不仅为优质植物油，更有保健功能，属健康食用油。一些公司就把茶油定位改为礼品市场，就像脑白金一样，本来一个补脑的产品变成一个送礼的产品一样，礼品市场刚开始的时候没有竞争，能赚些钱，但是现在竞争很激烈。

王总开了一个茶园，而且还结合休闲农庄一起做，打造休闲农庄茶园一条龙的模式。但是遇到了很多创业者遇到的问题，农庄没有人来，茶油也没有人买，后来他学习了商业模式后改了一个模式，茶油免费送。

交付1万元，即可成为尊贵的会员，赠送您一定亩数的茶园，并附送价值1万元的茶油，分5年平均赠送，每年2000元。5年内，您随时可以免费光临农庄，深度参观茶园，甚至亲身参与茶籽的采摘等各个环节，真实体验茶油的诞生。5年期满，将以1万元的价格回购该茶园；若无意出售，再赠价值1万元的茶油，为期5年。

那么，背后的操作者如何实现盈利呢？这其中的关键在于多个盈利点的巧妙结合。首先，通过销售茶园和茶油，项目方可以获得一定的初始收入。其次，农庄的旅游业务可以带来额外的收益，如游客的餐饮、住宿等消费。再次，茶园的长期管理和茶油的生产也需要一定的成本投入，这些成本可以通过销售茶油来覆盖。最后，5年后回购茶园的操作，实际上是对茶园价值的再次确认和升值，项目方可以在此过程中实现资产的增值。

通过这一系列的盈利手段，项目方可以在保障消费者利益的同时，实现自身的可持续发展。并且，这一模式有效地保证了经营者的现金流。当然，每一个来到农庄，享受休闲时光的人，怎么可能只是简单地走走看看呢？当然需要品尝一下这里的特色美食了。这些美食，是要收费的，但它们也是为会员提供的优质服务的一部分。

能成为会员的朋友，都是有一定消费能力的中高端用户。每年赠送的 2000 元茶油，对于他们的日常生活来说，恐怕只是杯水车薪。一旦他们习惯了茶油独特的口感和健康价值，恐怕就不会再考虑其他油品了。因此，在这 5 年里，他们很可能会继续购买更多的茶油。

与此同时，这些会员也是农庄和茶油产品的重要推广者。他们会把在这里的美好体验分享给亲朋好友，带动更多的人来消费茶油。这样一来，农庄的客户群体会不断扩大，市场份额也会稳步增加。

模式分析

这种会员模式是一种综合性、长期性的市场营销策略，旨在通过提供独特的体验和优惠，吸引并留住中高端消费者。该模式的关键是把握以下三点：一是会员费用与赠送。会员须支付一笔入门费用，这既是对服务的认可，也是建立长期关系的基石；会员将获得具有实际产权或使用权的茶园，这增加了会员的归属感和投资价值；茶油作为农庄的特色产品，具有高价值和高吸引力。分 5 年匀速赠送，每年 2000 元，确保了会员能够长期体验和使用。二是深度体验与参与。会员在 5 年内可以随时免费参观农庄，这不仅增强了会员与农庄的情感联系，也为农庄提供了展示其独特魅力和产品的机会；会员有机会亲身参与茶籽的采摘、加工等环节，这种深度体验能够加深他们对茶油生产过程的了解，增加产品的附加值。三是回购与再赠送机制。农庄承诺在5年后以原价回购茶园，为会员提供了投资保障和退出机制。这种回购策略有助于维护会员的长期信任和忠诚度；如果会员无意出售茶园，农庄将再赠送价值1万元的茶油，为期5年。这一举措进一步确保了会员的长期利益，并增强了他们与农庄的纽带。

这一会员模式通过独特的体验、优惠和长期合作关系，吸引了中高端消费者，并为农庄创造了可持续的盈利空间。同时，它也增强了会员的归属感和忠诚度，为农庄的长期发展奠定了坚实的基础。

作者点评 »

想要你的客户离不开，最好就用预付费模式“留”住他。

为了培养客户的忠诚度并确保稳定的现金流，许多企业都在寻求有效的策略。其中，预付费模式被认为是一个值得考虑的选择。通过采用这种模式，企业可以巧妙地吸引客户，让他们产生更强烈的忠诚感，并为自己的运营提供稳定的资金支持。

让我们深入探讨一下预付费模式如何提高客户忠诚度。想象一下，一家企业提供了一种特别的服务：客户只需预先支付一定的费用，就可以在一定时间内享受到企业的产品或服务。这种方式不仅给客户一种优惠或特权的感觉，还让他们觉得自己与企业之间建立了一种更为紧密的联系。因此，当客户意识到自己已经成为企业的“预付费会员”时，他们可能会更倾向于继续选择这家企业的产品或服务，因为他们觉得这样做是“值得的”。

预付费模式还能为企业带来稳定的现金流。在许多行业，现金流的稳定性对于企业的运营和发展至关重要。通过预付费模式，企业可以提前收到客户的资金，这使得企业能够更有计划地进行生产和销售活动，而不用担心资金短缺的问题。此外，这种稳定的现金流还有助于企业更好地应对市场变化和挑战，提高自己的市场竞争力。

9. 爆品现金流模式

一个人最大的能力是什么？是变通。一个企业最大的能力是什么？是变现。业绩治百病，现金解千愁，所有老板到今天之所以痛苦，很重要的原因就是你没有现金流，而现金流的核心就是要变现。把爆品降价到无法想象的地步，快速引流，快速变现。

——王冲

“双爆”模式的五大策略方法

经典案例

张总运营着潮汕牛肉火锅餐厅，牛肉选材讲究，新鲜且品质上乘。然而，面临的问题是产品差异化困难，火锅市场竞争激烈，晚上和周末生意兴隆，但工作日白天则门可罗雀。尽管如此，无论是否有客人，房租、水电煤气费用等固定成本都得支付，使张总倍感压力。他渴望找到策略，让工作日白天也能吸引顾客，实现盈利。带着这样的思考和期待，张总走进了我的课堂。

首先，张总推出了特别的牛尾鲍鱼饭套餐，其中包含丰富的牛尾和鲍鱼，保证真材实料，让顾客感到物超所值。

其次，张总定价为28元一份，并且随餐附赠一份青梅汁。这款青梅汁具有清油解腻、降低“三高”的功效，由于是自制饮品，张总拥有定价权，成本也可控。

为了拓展服务，张总还提供了外卖选项，并在外卖包装及餐具上印制了二维码。顾客通过扫描这些二维码可以关注这家火锅餐厅的公众号并注册成为会员，从而获得电子会员卡。持有电子会员卡的顾客在到店消费时可以免费领取一份小菜，并且他们的消费积分还可以用于抵现。

为了调动员工积极性，张总鼓励服务员向顾客推荐这款套餐。每当售出一份套餐，服务员都会获得2元的奖励，售出越多，奖励越丰厚。

最后，张总每个月都会在点菜系统内对菜单进行总结。我们会删除月销售量低于 10 份的菜品，以精简菜单。这样不仅可以控制备货，减少库存积压，还可以避免顾客偶然点一次却发现没有备货的尴尬情况。

经过一年多的不断学习和积极实践，张总已经成功地运用了“双爆”策略（即顾客引流和顾客回流）吸引新顾客。通过让顾客扫码注册成为会员，张总成功地截流了这些潜在顾客。同时，为了鼓励顾客再次到店消费，张总还提供了到店消费免费赠送小菜的服务，有效地实现了顾客回流。

为了进一步提升员工的积极性和动能，张总实施了业绩增额奖励制度。这使得员工更加有动力去推荐和销售特色菜品与爆品，从而提升了餐厅的整体业绩。

此外，张总还采取了每个月进行菜单筛选的措施。通过只保留“特色”和爆品，不仅减少了备菜的压力，也避免了客人点餐时店里没有的尴尬情况。这一系列的策略调整和优化，使得张总的潮汕牛肉火锅店在竞争激烈的火锅市场中脱颖而出，实现了稳定的盈利增长。

如今，张总的火锅店客流量激增，达到了原来的三倍之多。店内熙熙攘攘，每张桌子都座无虚席，顾客甚至需要排队等候数小时才能享用美食。这一显著的变化带来了营业额的飙升，从原先的每月 32 万元跃升至现在的 120 万元，实现了近四倍的增长。更令人欣喜的是，张总还成功吸引并积累了大量的会员顾客。这些积极的变化不仅提升了店铺的盈利能力，还有效地降低了成本，从原先的每月十几万元降至现在的 6 万元，实现了盈利和效率的双提升。

模式分析

“双爆”模式之所以能够变现，主要基于以下五个方面的原因。

一是精准定位与市场需求。爆款产品通常是经过精心策划和设计的，它们能够满足目标顾客群体的特定需求或痛点。通过深入了解市场和消费者心理，企业可以打造出符合市场趋势和消费者喜好的爆款产品，从而吸引大量消费者购买。

二是高质量与高性价比。爆款产品往往注重产品质量和用户体验，能够提供高性价比的产品或服务。这种高质量的产品不仅能够赢得消费者的信任和忠诚，还能够形成口碑传播，吸引更多潜在消费者。

三是营销策略与宣传手段。通过有效的营销策略与宣传手段，企业可以提高爆款产品的知名度和曝光率。例如，利用社交媒体、网红直播、短视频等新媒体平台进行推广，可以迅速吸引大量目标受众的关注和购买。

四是供应链管理与成本控制。“双爆”模式要求企业在供应链管理和成本控制方面具备较高的能力。通过优化供应链管理、降低生产成本、提高采购效率等手段，企业可以确保爆款产品的利润空间，从而实现盈利。

五是用户黏性与复购率。爆款产品通常具有较强的用户黏性，能够吸引消费者多次购买或长期使用。同时，通过提供优质的售后服务和客户体验，企业可以增加消费者的复购率和忠诚度，从而实现持续盈利。

作者点评»

“双爆”模式的终极核心在于变现，转化率高才能实现盈利。

“双爆”模式之所以能够变现，是因为它能够满足市场需求、提供高质量的产品与服务、运用有效的营销策略、优化供应链管理和提高用户黏性等多方面的优势共同作用的结果。这些优势使得爆款产品能够吸引大量消费者购买，从而实现盈利和增长。

你是否也渴望提高客流量、削减成本、激发员工潜力，并在如今竞争激烈、同质化严重的市场中脱颖而出？如果是，那么我诚挚地邀请你加入王冲老师的线下课程。在这里，你将聆听到实用、接地气、充满干货的商业智慧，为解决你在企业经营中遇到的各种难题提供宝贵的启示和方案。让我们一同携手，突破困境，共创辉煌！

打造爆款的四大核心、五大保证

经典案例

让我们审视一下这些项目：大米、水果、按摩椅、红酒、房间、旅游和加油卡。接下来，我们将探讨哪些项目有可能成为爆款产品。每个产品都有其独特的潜力和市场需求，例如，大米作为基础食材，水果作为健康食品，按摩椅作为放松身心的家居设备，红酒作为品质生活的象征，房间作为旅游住宿的必需品，旅游作为休闲放松的方式，以及加油卡作为出行必备的服务。通过深入了解市场趋势和消费者需求，我们可以评估每个产品的市场潜力和竞争优势，从而确定哪些项目有可能成为爆款。在这个过程中，我们将考虑产品质量、价格、市场需求、竞争状况等多个因素，以确保我们选择的爆款产品能够吸引大量消费者，实现商业成功。

例如，大米由于其基础食材的属性，通常不会被视为一个爆品。但是，大米确实具有很强的刚性需求，几乎每个人都需要它作为主食。

但是，水果就可以成为一个爆品。一个将水果打造成爆款的案例是“每日优鲜”的“优选水果”系列，其获得成功主要源于以下策略：一是品质保证。每日优鲜严格筛选供应商，确保所售水果均为高品质、新鲜、无农药残留。他们与国内外优质果园建立合作关系，从源头上保证了水果的品质。二是品种创新。除了常见的水果品种，每日优鲜还会引入一些新奇、特色的水果品种，如进口车厘子、泰国榴莲、日本网纹瓜等，满足消费者

对新鲜、特色水果的需求。三是用户体验。每日优鲜注重用户体验，提供快速的配送服务，确保水果在最佳状态下送达消费者手中。此外，他们还通过社交媒体、App等渠道与消费者互动，收集反馈，不断优化产品和服务。四是会员制度。每日优鲜推出会员制度，为会员提供专属优惠、积分兑换、定制服务等，增加用户黏性，提高复购率。五是健康理念。每日优鲜强调水果的健康价值，推出水果搭配建议、营养知识普及等内容，引导消费者养成健康饮食的习惯。

通过以上策略，每日优鲜的“优选水果”系列在市场上取得了巨大的成功，成为许多消费者购买水果的首选品牌。这不仅提升了水果的附加值，也大大增加了市场需求。

按摩椅虽舒适，但非爆品，亦非人人必需，无高附加值。红酒亦然，有人钟爱，有人不饮。然而，房间和旅游却是强刚需，旅行人数众多，房间需求量大，且通过微创新，如会员卡等可提升附加值。旅游是人们内心的渴望，蕴含着丰富的创新和高附加值潜力。相较之下，加油卡虽实用，但非爆品，也无高附加值。油价受国家调控，折扣有限。

模式分析

爆品模式是一种营销策略，其核心目标是快速推动产品进入市场，实现阶段性业绩目标并产生品牌轰动效应。这种模式的特点是投资少、周期短、速度快、效益高，尤其适用于中小企业和创业者，帮助他们解决营销费用不足、营销团队不力、库存积压严重、难以长期获利等问题。

在爆品模式中，产品通常具有高性价比、针对细分市场、注重社交化体验、利用社交媒体和电商红利等特征。这种模式的成功在很大程度上依赖于产品的定价策略。例如，一些企业采用极致性价比的策略，以迎合市场需求，创造广阔的市场空间。

然而，爆品模式也存在一些挑战。与大单品模式相比，爆品模式可能先天不足，后继无力。这主要是因为爆品模式的特征决定了其难以在价格、市场、功能等方面实现深度挖掘和持续创新。此外，爆品模式也需要企业在短时间内迅速积累口碑和品牌影响力，这对于许多企业来说是一个巨大的挑战。

总的来说，爆品模式是一种具有潜力和风险并存的营销策略。企业需要根据自身情况和市场需求，谨慎选择是否采用这种模式，并在实践中不断调整和优化策略，以实现最佳的市场效果。

作者点评 »

不是每一个产品都适合做爆品，你要把爆品的逻辑弄清楚。

爆品并非随意可得，它必须满足四个核心条件。第一，产品必须是强刚需，即市场上有大量的消费者对其有迫切的需求。这种需求不应仅仅是一时的流行，而应该是持续且稳定的。第二，爆品需要具备微创新的元素。这意味着产品不仅要满足基本需求，还要在某些方面做出创新，以区别于市场上的竞争对手，吸引消费者的眼球。第三，爆品的需求量必须大。如果一个产品的潜在市场非常小，那么即使它再优秀，也难以成为爆品。因此，在选择产品时，需要评估其潜在的市场规模，确保它有足够的空间来吸引大量的消费者。第四，爆品必须具备高附加值。这不仅是指产品的价格要高于成本，更是指产品能够为消费者提供超出预期的价值。这种价值可以是功能上的、情感上的，或者是文化上的。只有具备了高附加值，产品才能在市场上脱颖而出，吸引消费者愿意为之付出更多的代价。

社会上很多人在分析爆品时，常常会出现误判。并不是每一个产品都适合打造成爆品，这需要企业有清晰的战略眼光和精准的市场定位。只有明确了这些条件，并在实际操作中严格遵循，才有可能成功打造出一款爆品。

现金解千愁，爆款的终极是变现

经典案例

以浙江金华的一位同学为例，他的家族传承了近百年的包子制作技艺，我便为他设计了一张名为“食神会”的会员卡，旨在通过多元化的产品和服务，提升顾客黏性，实现长期稳定的盈利。

以99元的价格，消费者就有机会成为“食神会”的尊贵会员。这个会员资格将让您享受到价值高达两三百元的包子，这简直就像是您用3.3折的优惠价格就能买到这些美味的包子。如此诱人的优惠，自然吸引了众多的食客。他们知道，这家包子铺并非寻常之辈，它拥有上百年的历史传承，坚持使用最优质的猪大腿肉和新鲜有机的葱姜蒜，保证了包子的非凡品质。即便价格略高，消费者仍然愿意为这份传统和品质埋单。因此，这家店的包子成了大家口口相传的超级爆品，吸引了大量的客流。

但是，您可千万别以为这家包子店靠卖包子就能赚钱。实际上，这是一个巧妙的商业策略。通过低价或微利销售包子，这家店成功地吸引了顾客进店。而当顾客被包子的美味所吸引，很可能会进一步购买店内的其他产品，如香浓的稀饭、酥脆的油条、美味的卤蛋或是营养丰富的牛肉面等。这些附加产品的销售将极大地增加店铺的总体收入。

所以，这家店的成功秘诀就在于运用了“爆品策略”，通过低价或微利产品吸引顾客，再通过其他产品实现盈利。这种策略在商业中是非常成功的关键之一。

包子店能够采用“爆品策略”的原因主要有以下三点：第一，通过低价或微利销售包子，可以吸引大量消费者进店。这种策略能够迅速吸引人们的注意力，增加店铺的客流量。第二，当消费者因为价格优惠而频繁光顾店铺时，会提高对品牌的认知度。第三，当顾客被爆品吸引进店后，他们可能会购买店铺内的其他产品，如稀饭、油条、卤蛋等。这些附加产品的销售将增加店铺的总体收入，从而实现盈利。第四，通过提供高品质、美味的包子，可以培养消费者的忠诚度。当消费者对店铺的产品和服务感到满意时，他们可能会成为回头客，为店铺带来持续的客流和收入。

这家“食神会”的包子店，不仅是在卖包子，更是在运用商业智慧，巧妙地实现盈利。这种策略既满足了消费者的需求，又保证了商家的利润，真可谓一举两得。

模式分析

这里讲一下爆款后面的逻辑，将爆品价格降至难以想象的低价。举个例子，曾在义乌进货，每件产品的成本是 5 元，再加上 2.7 元的物流费，总成本为 7.7 元。传统的销售方式肯定是高于这个价格，但定价是 1.1 元。每卖出一单，看似亏损了 6.6 元，但实际上，这是建立客户关系的策略。

若一天卖出 500 单，这 500 单并不是简单的亏本销售，而是通过低价吸引了 500 位客户。之前我也尝试过投流，如“抖 +”等，但后来发现这并不是最佳方式。现在我更注重投资客户价值，而不是简单地追求流量。这种策略使我能够与客户建立更紧密的联系，为未来的业务打下坚实的基础。

通过降低我的产品成本价，客户确实得到了实实在在的实惠。不过，我也发现有些客户利用这个优惠，一天内大量订购，甚至达到100件或200件，然后再去批发转售。为了确保产品能真正惠及终端消费者，我做出规定，每个账号每天限购一件。这样一来，就确保了产品能够流入真正需要它的客户手中。

每天卖出500件、1000件，或许意味着我每天要承担3000元、6000元的亏损。但请注意，这其实是我对抖音平台的流量投资，只不过我没有将这笔钱支付给抖音公司，而是直接回馈给了客户。通过这种方式，我建立起了与客户之间的深厚信任。一旦这种信任达到一定程度，他们就会更愿意购买我提供的其他高价值产品，如199元、399元、999元的视频教程，有利于我快速形成健康的现金流。

作者点评

不要所有的产品都拿去赚钱，也不要赚所有人的钱。

首先，理解“并非每一款产品都需要实现盈利”这一原则至关重要。在商业运营中，产品线往往包括多个种类和型号的产品，其中有些产品可能主要用于吸引客户、提升品牌形象或构建市场份额，而并不一定能带来直接的盈利。因此，商家需要明确每一款产品的角色和定位，并非所有产品都需要实现盈利，而是要根据整体商业策略来布局。

其次，“也并非每一位顾客的钱都应当成为你的收入”这一原则意味着商家需要有选择性地吸引和保留客户。不同的客户有不同的需求和支付能力，而商家也需要有明确的目标客户群体和市场定位。

此外，避免急功近利和追求速成的心态也是至关重要的。过于追求短期利润或快速扩张可能会导致忽视长期可持续发展的重要性。

若商家能够深入领会并切实遵循以上三条原则，便能够掌握商业的核心本质，构建出独特的经营策略。这样的策略将使商家在市场波动或业务困境中也能稳健前行，保持竞争力。因此，我恳切地建议我的同学们，不要过分执着于每一款产品的盈利表现，而应追求整体业务的均衡与可持续发展。

10. 裂变现金流模式

“一生二，二生三，三生万物。”在流量红利已见天花板的今天，不管是网络营销还是实体店，裂变才是王道。无裂变，不流量；无裂变，不营销；无裂变，不变现。

——王冲

公司裂变，升级连锁加盟模式

经典案例一

我有一个学生是做重庆小面的。刚开始生意做得挺不错，小的店铺能收到10万～15万元的加盟费，大的店铺能收到30万～45万元的加盟费。可是做着做着，他发现这条路渐渐走进死胡同，发展了400多家加盟店之后，再也推广不下去了。因为有的店铺挂羊头卖狗肉，导致自己的口碑很差，根本赚不到钱。为了破局，他找到了我，后来我把他的商业模式升级了一下，如今他利用新的运作模式已经将店面由原来的400多家开到现在接近6800家左右。

具体是如何操作的呢？首先，我让他去掉最值钱的加盟费；接着改收培训费。而这个培训主要是针对重庆小面的工艺和流程展开的，这部分的费用定为两个等级，初级班收9800元，高级班收12800元，学完这两个班就可以开重庆小面了。最后，要求每个加盟店主都必须用他独家自制的面料酱，并且每个月售卖的数量不得低于3000碗，如果不达标，总部会下来督导和检查，以帮助其改进，之后若是效果还不理想，那就取消授权，店家就没有经营重庆小面的资格。

这一整套流程走完之后，他的加盟生意迎来了迅猛的发展，如今的他每一份面料酱能赚0.1元，每一家面馆一天能卖200碗面，一共有6800家面馆正在帮他在卖，这就是他目前一天的收入。因为有了持续性收费，他的现金流也源源不断，生意也正在红红火火地开展着。

经典案例二

杨总，原上海某知名造型中心的股东，后来自己出来创业，凭借着多年积累的人脉和经验，一口气开了 5 家店，但是市场竞争激烈，仅靠老客户很难生存，然而很多人都习惯去自己经常去的店，还有一部分低端客户因为杨总的店收费高而不进店，门店发展遇到了瓶颈，如何引流、如何扩张都成了大难题。后来他加入我的课程，经过我详细的指点和辅导，运用了几招策略，在短短半年时间，杨总的事业发生了翻天覆地的变化。

招数一，低价诱杀。具体采取以下六个步骤：充值 99 元会员；全年免费剪头发；全年免费洗头发；全年免费烫头发；赠送 52 张火锅店消费券，每张 50 元；一年后返还 99 元。

招数二，会员。具体采取以下三个步骤：男士充卡 4980 元；女士充卡 9800 元；全年美发项目全部免费。

招数三，产业链延伸。主要采取以下两个步骤：美发店 2 楼开设美容部；外部投资大健康产业。

招数四，会员裂变。其步骤如下：美容项目充卡 12800 元成为会员；送 10 个体验项目；送 10 张价值 3000 元的玻尿酸单次体验卡；推荐朋友办卡，返现 1500 元。

招数五，空手套白狼。该招数的步骤是：整合周边同业；100 万元转让费提升至 200 万元；分期付款，先付 20 万元；剩下 180 万元分 6 个月给，每月 30 万元。

通过这五招，杨总一个月开卡 1500 张，收款超过千万元，现在 1 年的时间内连开 18 家店，并且还获得了外部战略投资 1.8 亿元，实现了门店裂变。

模式分析

众所周知，现金流就是企业的生存之本。如果一家企业的现金流出现问题，那么这家企业就离倒闭不远了。而提升企业抗风险能力，增加企业现金流的方式之一便是实现公司的裂变，具体来说就是连锁加盟。

那么何谓连锁加盟呢？它是指主导企业把自己开发的产品、服务的营业系统（包括商标、商号等企业形象，经营技术，营业场合和区域）以营业合同的形式授予加盟店的规定区域内的经销权或营业权。通常来说，连锁加盟的加盟条件有加盟金、保证金以及权利金等，加盟方式有自愿加盟、跨业加盟等。

为了方便大家理解全新的连锁加盟运作模式，我们在上面为大家举了两个相关的案例。

在案例一中，重庆小面店的老板刚开始采用的是传统的连锁加盟模式，不过因此也让他的生意发展受限，后来我们通过三个步骤将他招商加盟的方案全新升级，升级之后的方案对于合作双方都有很大的好处。首先，对于加盟商而言，方案改革之后极大地减小了他们的经济压力。原来加盟一个品牌店，动不动就要交三五十万元，如今一下子去掉这个加盟费，减少了资金压力，降低了加盟的门槛，使得他们可以轻而易举地开启一项新的事业。另外，在接受培训之后，他们可以学得一门实实在在的手艺，有了手艺傍身，就有了强大的生存资本。

最后，引入的独家酱料包帮店家省去了买菜这道工序时间，也省去了烦琐冗长的熬制过程，更节省了请厨师的成本。另外，料包只需简单加热即可，这样出餐的效率会大大提升，餐厅的翻台率也会跟着提高，能接待的客户自然就多了，最后店家的收益自然也会跟着水涨船高。

而对于品牌方而言，虽然失去了加盟费，但是却获得了可以持续的收费项目。具体来说，开的加盟店越多，卖的分量越多，品牌方赚的就越多。

每天只要加盟商卖出去一份，你就有一份的收益。而品牌方有了源源不绝的现金流，就有了持续发展的资本。

案例二中的连锁门店扩张途径则是这样完成的：①用低价吸引顾客的眼球。②接着用优惠的会员价格牢牢锁死顾客。有了顾客的青睐，门店有了充裕的资金支撑后。③就是进行产业链延伸，扩大自己的品牌阵容。④为了让新的产业发展更好，我们可以采用会员裂变的方式发展更多的客户。⑤等到客户裂变足够多的时候，便可以开启下一步计划：空手套白狼。这五招层层递进，逻辑清晰，目标明确，效果显著。杨总利用这五个策略成功扩大了自己的商业版图，激活了自己的现金流。如果你也有类似的需求，不妨参考一下这个案例。

作者点评»

一种观念创新一种模式，一种模式颠覆一个行业。老板只有改变升级自己的连锁加盟模式，企业才能获得更多重生的机会！

营销裂变，让你的现金流几何级增长

经典案例

我有一个学生是江苏南京人，他曾经在武汉做了一个社群，每天晚上有17万个微信群的团同时开团，按照这种操作模式，他一年的销售额大概做到200亿元。这种野蛮粗暴的收钱模式具体是这样玩的：

第一，上交388元成为消费商，之后消费商会领到价值388元的商品去售卖。另外，成为消费商之后，大家需要进入两个群，一个叫素材群，一个叫代理群。素材群里的素材是公司总部整理出来的，每天售货群里需要发什么，总部早已经做好了，消费商只需要到素材群里领取现成的素材，然后把它们发到群里即可。而代理群则是负责管理消费商的，公司会组织大家开会，为大家讲述社群规则，组织大家整齐划一，努力赚钱。

第二，消费商了解规则之后，便是建群售卖。在这里需要特别强调一点，所有进群的客户必须是群主的熟人，如果不是亲戚，不是朋友，或者不是父母老师、同学同事等，就没有进群的资格。在我们普通人的印象中，拉群建群一般都是人数越多越好，无论是陌生人，还是熟人，抑或者是见过一两次面的人，只要进来，不管当下买不买，能给群里增加人气就很好。可这家公司反其道而行之，而且为了严格把关，他们还给群里配了督导，督导一旦进了这个群，发现群里不是熟人，那么就要敦促你立刻解散这个群。

第三，所有的钱都由上一级收。举个例子，假如我是群主，我收了顾客的钱，完事我需要将收好的钱交给我的上一级，而上一级收了钱之后，又需要转交给他的上一级，就这样以此类推，最后钱回到了最上级的手里。公司一共分了四级，每一级全部要用微信红包、微信零钱，或者微信转账的方式将钱交上去。

当然，这里的上交并不是交全部的金额，群主可以留下自己应有的劳动报酬，剩余部分才需要全部上交。每天他们有固定的时间提交金额，如果过了这个时间点，那么群里客户的发货时间就会被推迟。

依靠这样一套完整而系统的裂变模式，我的这位学生收获了一大批数目可观的现金，公司也因此经营得风生水起。

模式分析

道家有言：“一生二，二生三，三生万物。”这个概念放在生意场上，那便是营销裂变。与传统营销方式相比，营销裂变更强调分享，即通过老客户（或潜在客户）的分享行为吸引更多新用户。营销裂变的核心是存量找增量，高频带高频。营销裂变具有成本低、效果持久、影响力大等诸多优势，通过这种方式，我们可以让客户的数量产生核裂变一样强大的递增效果。而当客户群体增多以后，我们便会有更多的成交机会，这样一来，公司的现金流就有了很好的保障。

具体来说，营销裂变是怎么进行的呢？上面的营销案例就给大家做了一个很好的示范。

首先，它规定所有的客户必须跟群主有一定的关联，不管是亲戚关系，或者是朋友关系，抑或是上下级、平级关系，大家在生活中会有一定的交集，这样一来，客户的信任感一下子就拉满了，因为大家都知道没有谁会为了骗亲朋好友的几十元钱，而丢掉自己的人格尊严。在这种情况下，大家会放下心理防备，积极下单，而公司也会因为这项近乎苛刻的规定获得更高的订单量和成交率。

其次，公司对社群整齐划一地指导，避免了群主走很多弯路。举个例子，很多群主之前没有从事过跟销售有关的工作，所以他们对销售没有什么心得和体会，也缺乏必要的技巧。这个时候，公司会贴心地为大家准备销售文案，激发大家的购买欲；公司也会指导群主在特定的三个时间点（早晨的 7 时，中午的 12 时，晚上的 7 时）在群里发广告，这样的时间选得很微妙，既不会打扰到顾客，同时也会让顾客在他方便的时候看到信息，从而产生购买行为。

当然，营销裂变的模式不只是上面案例中提到的一种，我们具体可以根据公司的实际情况去设计。在设计的过程中，我们可以多参考优秀营销案例，但不能照搬全科，否则有可能会让自己蒙受一定的经济损失。

作者点评 »

有产品的老板还不算真正的老板，有渠道和用户的老板才是真正的老板。聪明的老板懂得利用渠道的力量完成营销裂变，从而更好地盘活自己的现金流。

客户裂变，助你开启躺赚模式

经典案例

小林，是一个大二的学生，学习成绩不错，家里也有自己的产业，学习生活都很悠闲，课业也不是很繁重，于是就想做点生意，打发无聊的时间，顺便赚点零花钱。但是小林再怎么有想法也是第一次创业，一个人忙得四脚朝天，房租、装修等杂七杂八的费用加起来差不多有七八万元，砸进去这么一大笔钱，回报却遥遥无期。

小林心血来潮做生意，没想到这么苦，最让她焦虑的是，马上要开业了，店里却没有一个人，面对如此窘境，她一下子就懵了。不过，好在小林的母亲一直跟随我学习，见女儿为门店的事成天愁眉苦脸，母亲带着小林一起来参加了我的课程，在经过充分的学习交流后，小林迅速改变策略，开业一个月就收回了成本。

下面是我介绍给她的一个客户裂变的模式，大家可以参考一下：

招数一：引流卡。99 元办会员卡，成为奶茶店会员；可免费吃一个月的早餐；送 100 元的代金券；发布此活动到朋友圈集满 100 个赞，可以免费领取一杯奶茶。

招数二：后端追销。早餐套餐里只有面包，不提供饮品；如果需要饮品要额外购买，会员 8 折；如果不喜欢店里提供的套餐，可以凭会员卡 8 折选购其他套餐。

招数三：会员裂变。第二个月续卡会员卡，凭会员卡消费有 9 折优惠；介绍 10 位朋友办卡，99 元全返；推荐人消费完后积 10% 积分；积分可以抵现。

通过引流卡，一个月的时间门店积累会员 862 位，收到现金 8.5 万元，成本瞬间回收。奶茶店主营的不是早餐而是奶茶，早餐虽然不赚钱，不代表奶茶店不赚钱，早餐只是用来引流，设计好后端收链，从经营产品转变成经营客户的终身价值。

模式分析

说到客户裂变，人们首先想到的便是购物软件“拼多多”，它可以说是社交裂变玩法的鼻祖。当年它凭借着一系列创新性的客户裂变方法，在短时间内积累了大量用户，并实现了规模化扩张，一举成为国内最大的电商平台之一。

拼多多病毒式的客户增长效果是多少做生意的老板心里向往的。如果你也想让顾客成为你品牌的超级传播者，那么不妨跟着我们的思路一起解读一下上面的这个经典案例。

在上面这个案例中，小林首先通过引流卡积累了一大批的种子用户。等到有了一定的客户量之后，小林并没有选择松懈，而是开启后端追销的模式，在追销的过程中，她通过一系列的优惠政策牢牢地拴住客户的钱袋子。

后来，经过一段时间的交流和磨合，小林和客户之间建立起了一定的信任，于是第三个会员裂变的流程便开启了。为了更好地实现以旧带新的目的，小林还设立了一系列优惠的活动，比如，介绍 10 位朋友办卡，99 元全返；推荐人消费完后积 10% 积分等。

这些优惠对于那些裂变的客户来讲，就像鱼儿看到诱饵一样无法拒绝，在利益的驱使下他们会想方设法动员周围的人为小林做推广和传播，而小林也借助这些人的力量，获得了更多的客户，收获了自己投入的成本。

上面这个客户裂变模式对于我们有一定的借鉴意义。另外，我们在为自己的门店设置客户裂变模式时，首先要了解客户的需求，然后细化整个裂变流程。这是两个需要注意的要点。

什么叫作了解客户的需求？这里不妨先来看一个小故事。

一天，爱默生想把一头小牛赶入牛棚里，可是不管他怎么努力，小牛依旧跟他唱反调，最后弄得他满头大汗，也没有成功。后来，女仆只做了一个小小的举动就帮爱默生轻松完成了这项艰难的任务。只见聪明的她将自己的拇指放进了小牛的嘴里，然后一边让小牛吮吸，一边向牛棚的方向移动，很快小牛就被她引导进了牛棚。

故事中的女仆虽然社会地位低下，没有高深的学问，但是她却拿捏住了小牛的天性，所以成功把小牛送到了牛棚。同样的道理，客户裂变也要懂得探求客户的心理，了解他们的需求，然后再根据他们的兴趣点设置利益诱惑，这样才能最大限度调动他们的积极性。

在明确了客户群体的需求之后，我们需要进一步细化裂变营销的整个流程。比如，如何获得第一批种子用户，如何增加种子用户的信任度，如何开启裂变活动，裂变活动需要给新老客户设置什么样的优惠，裂变的时候需要用什么工具，裂变的时间选择什么时候最佳，活动结束后如何提升客户的留存率，如何保障他们持续转化，如何提高新客户的成交率，等等。

当你把这些细节逐一搞清楚，才能保障你此次的营销裂变发挥出最理想的效果。反之，如果你没有目的、没有规划地乱来，那么期待中的现金流会在你一次次毫无章法的营销中流产。

作者点评 »

如果你能把消费者背后的人脉资源消费掉，那么你的资源就会越来越多，你的现金流也会源源不断。所以，聪明的商家懂得引导客户自动裂变新客户，以此帮助公司冲破发展瓶颈，寻找到新的增长点。

资源裂变，轻松打破增长瓶颈

经典案例

在我们的学习群里有一个卖红酒的老板，他曾经因为一些生意上的问题找到了我，后来经过详细的了解之后，我帮他开启了一种全新的合作模式，具体合作方案是这样的：让客户交1588元成为会员，成为会员后来他的平台买东西可以打2折，另外会员还可以获得一个恒温酒柜，一箱葡萄酒，一个电动开瓶器，620毫升的水晶杯，U形醒酒器等。如果客户对酒水不满意，只需要把恒温的冰柜退回来，1588元的会员费就可以返还客户，其他赠品如果用掉，一律不必返还。很多人一听到这样的模式，都会觉得红酒商会亏得血本无归，其实他赚的是大家看不到的钱，换句话说，他不是靠本行业赚钱，而是把利润先让给合作者，这样他们才愿意拿他的产品做配销。

买你的送我的，或者买我的送你的，合作者之间互为主角或者配角，这样就会让对方的产品卖得更好，而对方的产品卖得更好，也等于自己的产品卖得更好。虽然第一次合作没赚到钱，但成功搭上合作方之后，他可以赚后面无数个会员的钱。

模式分析

英国有个规模庞大的图书馆，它的藏书量非常丰富。后来，这个图书馆要搬迁了，对此，馆长表示无比头疼，因为运输书籍是一个大工程，把它们从旧馆迁到新馆需要花费很多的人力、物力、财力。

这时有人给馆长出了个主意，就是这个主意让图书馆不费吹灰之力就把全部书籍完成了安全转移。

人们在报纸上看到一则新闻：从即日开始，每个市民可以免费从大英图书馆借 10 本书。消息一出，借书的人蜂拥而至，没过几天，图书馆的书就被人全部借光了，而等到大家还书的时候，图书馆则要求他们把书还到新馆来。就这样图书馆借助众人的力量悄无声息地完成了一次搬迁。

这个故事启发我们，只要学会资源整合，那么说不定可以创造意想不到的奇迹。

其实，在商业世界中，我们也需要开启这样一种资源裂变模式。具体来说，就是一种创新型的价值创造方式，通过整合和优化已有资源，寻找资源之间的关联性，实现资源的复用和再创造，从而形成新的价值链和商业模式。

资源裂变模式追求创新和变革，通过不断改进和改造现有资源，实现资源之间的有效连接和协同作用。另外，资源裂变模式注重资源的共享和开放，通过开放平台和共享经济模式，实现资源的流动和共享，提高整体资源利用效率。上面那个红酒案例就是对这句话最好的诠释。

另外，资源裂变还应着眼于资源的整合和优化，通过最大程度地发挥资源的潜力，实现资源价值的最大化。

举个例子，你开了一家餐饮门店，客户在你这儿消费了 500 元，通常普通的商家会把支付宝或者微信的收款码递到客人面前，等客人扫码完成交易关系就彻底结束了。而聪明的商家懂得利用这个客户资源，他们会在交易结束之后再送客人 500 元的消费券，每一张券 50 元，送客人 10 张，这 10 张 50 元的消费券，客人每次消费只能抵扣一张，并且这些券的有效期为 6 个月。

这个券如果让他自己消费，可以让他节省费一定的费用，如果让朋友消费，他还可以获得 10% 的积分。这些积分他可以自己消费，也可以把现金取出来。对于客户来说，把这些优惠券送给朋友可以赚钱，如果拿来自己用，也可以省钱，总之不管怎么用都很划算。而对于商家来说更加划算，因为你花了 50 元，换来了一个人的重复消费，这是吸引客户回流的一个好手段，也是资源裂变的一个具体体现。

作者点评 »

大多数老板只赚产品本身的价格，不懂得资源整合，不懂得找有共同客户的群体，不同的服务项目的异业机构一起合作，这样会让你的路越走越窄。从现在起开启你的资源裂变思维吧，寻找一种更好的变现方案，实现资源的最大化利用，相信好的思路会给你换来更好的出路。

11. 招商现金流模式

老板的能力要从过去搞产品的能力，搞管理的能力，搞经营的能力，现在应变成搞人的能力。招商是假象，真相是要让那些有资源、有能力、有钱的人能够跟你合作。

——王冲

招聘不如招商，打造资源变现平台

经典案例

李总在大学期间自主创业，和朋友一起研究老水泵进行改良，作为“拳头”产品。通过自己的努力，零资本，零关系，半年挣足100万元，两年资产上千万元，并且给创业伙伴买了四十多辆车、十几套房，公司发展迅速，年仅26岁资产便超过亿元，成为行业标杆，获得了很多省市、国家级荣誉，可谓是年少有为，前途无量。

可是由于李总长期不在公司坐镇，团队疏于管理，内部分化严重，拉帮结派，最后甚至上演“逼宫”大戏。迫不得已，李总与当初的领导班子分家，公司业绩一落千丈，人心惶惶，年销售额跌落到只有几千万。

这一系列变故的发生让李总深受打击，就在这时李总的朋友介绍他来参加王冲老师的课程，经过一段时间的学习和老师的指导，他回到公司运用以下五招，使企业发生了巨大改变。

招数一：广招合伙人。交纳30万元保证金成为城市合伙人。每完成一单分30%的红利，并退还本金。即便一年时间到期后没有完成订单的，也将退还全部本金。

招数二：合伙人促单。免费邀约合伙人到工厂，上午参观工厂，展示企业实力；下午参加招商会，向合伙人展示团队，讲解合作方式和方案；晚上参加晚宴，进一步促单。第二天早上，已成交客户到李总公司洽谈合作细节，签订合同。

招数三：内部融资。收取员工的闲置资金存放在企业内部，共收取2000多万元现金，极大缓解了公司的现金流。再用人民币兑换企业发行的虚拟货币，在企业内流通“企业币”，规定每年按季度以发放现金的方式给员工发放分红。

招数四：同心多元化。从原来单纯的水泵升级到围绕水的二次加压设备，生产净水设备、污水设备，对行业产品进行垄断。同时，建设智慧泵房，用云管理、大数据为各类工程提供智慧供水解决方案。

招数五：区域切割。响应国家政策，沿着“一带一路”倡议的路线部署业务。开发柬埔寨、缅甸、越南、老挝等东南亚国家市场，招募海外合伙人，并在东南亚成立分公司。

李总在企业的生死存亡时期结识了王老师，并且坚定地跟随老师学习，回到企业进行落地，让企业发生了天翻地覆的改变。现在，公司在全国有几百个合伙人，以广西的一位合伙人为例，仅她一个人就为公司带来了3000万的订单。

通过内部融资不仅解决了公司的现金流问题，还对员工进行了筛选，很多对公司和老板没有信心、立场不坚定的人慢慢离开，留下的优秀员工和高管都对公司未来发展充满信心，且动能满满。虽然员工人数从开始的几百人减少到现在的40人，但是公司的业绩却实现了快速上涨，从原来的7000万元到2亿元，再到4亿元，到现在的7亿元，短短3年时间里翻了10倍。李总的生意也跟随国家的“一带一路”政策走了出去，在东南亚扎根，开设了事业部。

现在，李总的公司业务繁忙，但他每年仍然会抽出时间到王冲老师的课堂学习充电，平时也会和老师保持联系，经常探讨商业模式的可行性。从原来的人员动荡、现金流枯竭、业绩下滑，到如今年收入超过亿元，全球布局，都是李总坚定地跟随王冲老师学习的结果！

模式分析

制造业通过招聘找到员工，然后员工再去开发客户或者招标客户，这是当下大部分制造业老板选择的道路。这条路前人走过，且走得很好，但并不意味着今人也一定能走好，因为时代发生了巨变。以前，就是产品链接用户，并利用产品赚取差价的时代，因此通过员工去找客户，再通过客户销售给需要的消费者，是毋庸置疑的路径。现在这条路已经走不通了，因为单纯只赚取利润已经不足以确保企业能够生存下去了，越来越多的企业经营者意识到，确保足够的现金流才是企业生存发展的根本。而想要确保现金流，仅靠利润是无法实现的，那得是多么暴利的企业才能让企业拥有不被打败拖垮的现金流！

所以，这条开发客户的路，已经被越来越多的企业证明是条死路了。其实，又何止是制造业，在网络时代崛起后，尤其在数字时代来临后，太多行业的利润观被彻底颠覆了。作为企业的领路人，各类老板的经营理念也需要发生彻底改变，才能适应这个越发让人看不懂的时代。对此，王冲老师给出了总结性的建议：不要只招员工，而要让员工去招投标，去开发客户。

老板的观念改变了，企业的经营模式也就改变了，企业就会从过去的生产产品变成资源变现的平台。所以，要让员工拼命只干一件事——做招商，再通过招商招募商业合伙人，再通过合伙人实现变现。此时，企业的客户在合伙人手上，但现金流却在企业的手中。因此，企业只需要找到合伙人，合伙人就会对自己的客户进行资源变现。

作为老板，必须带领企业实现观念转移。企业的存在，再也不是生产产品，而是实现资源变现。

作者点评 »

门店的利润高，门店更愿意卖。因为好卖，门店就更容易卖，形成了良性循环。然后继续做合伙人方案，并且打通合伙人渠道，完成商业模式设计的最后闭环。

通过内部合伙人机制提升团队的凝聚力和主人翁意识，哪怕是一片叶子落地，员工都会去捡起来，自发地为工厂节约成本。员工凝聚力提升，与员工成为利益共同体，形成一个经营系统，大家都能通过自己的努力获取自己应得的利润。内部团队优化后，通过主营市场的布局与调整，使得业绩平平的公司得以快速获得现金流，最终峰回路转。

招商必学的三大要素、五大核心

经典案例

我曾经有一个学员是广东人，在商圈里也是很有名的人物，后来因为一些原因导致负债缠身，落魄不已。后来，他找到我希望我能帮助他东山再起。我首先让他找一个不错的项目，然后再谈后续发展的问题。这个学员的执行力很强，不到一个礼拜的时候，他就拿着项目找到了我。我看了一下那个项目，觉得还是比较靠谱的，不过为了验证他们产品的功能性，我还是亲自连着做了好几天的实验。得到了令人放心的结果之后，接下来我们就进一步着手招商的问题。而对于他的招商方案我也做了很多的修改，比如，去掉了他的研发团队上台的环节。因为招商的核心是让对方看到希望，并能赚到钱，所以在招商演讲的时候应该把着重点放在以下五个方面。

一是信赖。首先要感谢那些债券人和投资人，今天依然愿意参加这个会议。你要发自内心地讲一些感谢的话，让投资人对你产生信任。

二是走心。在负债的这段时间里，你内心的真实活动是什么样的。这个走心局就是让那些曾经信任你的人了解你内在的精神世界，这是打动他们再次投资很重要的一环。

三是感恩。感恩不只是站在台上给大家鞠躬，而是要告诉台下的投资人，你们要相信曾经的眼光，我要用事实再次向大家证明我可以东山再起，我有能力让你们的投资获得物超所值的回报。

四是信心。要自信十足地告诉投资者，你现在已经重新组建了团队，这些团队都有哪些人，他们有什么厉害之处，你们的计划是什么样的。让投资人对你以及你的团队重拾信心。

五是讲好处。既要给新加入进来的合伙人好处，又要给以前的债权人、投资人、银行好处。很明确地把这些好处讲出来，这样才能吸引他们在你身上投资。

后来，按照这个思路，我们在招商现场当即就成交了50万元。

模式分析

要想持续地引爆现金流，招商是一件必不可少的事情。作为一个企业的领路人，我们怎么样才能招到更多的合作伙伴呢？其实最核心的还是看自己能否给对方一个占便宜的机会，如果你能给出的利益足够让他们心动，那么成功率会大大提升。

上面我们所举的这个案例就很好地为大家诠释了招商的本质：多维度地增加别人对跟随你未来收益赚钱的信心！这位老板就做到了这一点，所以即便他负债累累，最后也取得了一个相对理想的成绩。

另外，需要让大家知道的是，在招商的过程中，能否成功主要看三个重要的因素——鱼塘、鱼饵和鱼钩，没有这三个东西你就很难把它做好。

老板如何建立一个自己的鱼塘呢？第一个要建立有资源的团队，无论是内部合伙人还是外部合伙人，都必须手上有资源，你要打造一支有资源的团队。第二个要借有资源的渠道，哪个渠道有资源我就去哪借，你借我的、我借你的，大家把这个厂给造起来。第三个叫买，要买有资源的道场，哪个道场有资源直接买。总结起来就是建、借、买。

什么叫鱼饵呢？首先我们把它称为好处。一个老板要想招商成功，你的招商方案必须设计与众不同的好处，让投资人感觉到这是一笔稳赚不赔的买卖，当他看到实实在在的好处，他才愿意投资。其次，设计鱼饵的时候要有诱惑力。我们知道人性通常都喜欢追求名、追求利、追求权，老板要学会使用名、利、权，这样才能成功戳中投资者的软肋，从而使他们倾囊相授。最后要学会利他，老板不要站在自己的角度思考问题，要站在他的角度思考，把风险留给自己，把利益留给别人，只要你敢这样干，就有人愿意跟你走。

如何来做鱼钩？首先，我们要有一个好的招商流程，招商流程不好，结果一定好不到哪里去。其次，我们要有好的招商工具，比如，商业计划书、视频等，除此之外，老板的个人魅力也至关重要，老板才是一个公司最大的产品。如果你学不会自我包装，那么很难吸引到其他投资商。最后，我们还要有招商素材，创业人的故事、合伙人的故事、客户的故事，这些都是招商比较好的素材。只要这样的素材能打动人，招商成功的概率会大大提升。

作者点评»

好处是人世间的通行证，没有搞不定的关系，只有给不到的好处。一个老板在招商的时候，只有把利先让出去，才能把钱赚回来。

快速招商的六大步骤

经典案例

我有一个沈阳的学生，他原来做销售开门店，5 年的时间不断地找加盟商，结果才发展了 100 多家店。后来上了我的课程之后，招商只用了 2 年，就开了 3000 多家门店。他人之所以有这么高的效率，都是因为我给了他一个标准化的模板。

这个招商模板一共分为八大篇章：第一，做风口趋势；第二，需求量巨大；第三，客户见证；第四，合伙人；第五，核心团队；第六，商业模式；第七，发展规划；第八，合作方案。这位学员按照这套逻辑做出来，就是一套非常好的 BP。

模式分析

古人云："言知之易，行之难。"很多人都知道招商的重要性，但是具体操作起来又困难重重。如何快速实现招商的目的，这是很多企业老板都想知道的事情。针对这个问题，上面这个案例就为大家提供了一个万能的模板，大家拿着这个模板去填自己企业的现状即可。另外，在招商的过程当中，大家可以依次完成下面这六个步骤，有了这些步骤的指引，大家在实践的过程当中，就不会手忙脚乱。

第一步：找到精准的客户群。招商加盟要想找到精准的客户，首先要

为自己设计一个爆款标题，只有爆款标题才能吸引到源源不断的流量。其次还要设计好作品内容，这个内容不要太过于商业化，否则会遭到平台的打压，而且也会招来客户的反感。通常来说，好的内容具有故事性，能够很好地引发客户的共鸣，也能打动他们的内心，从而促使他们做出投资的决定。标题和内容写好以后多平台分发，这样可以吸引到那些有需求的人前来加盟。另外，为了提升大家的信任度，你还可以撰写新闻稿，发布到各大新闻网站，有了这些网站做背书，你找到精准客户的成功率会大大提升。

第二步：要有自己的招商流程。招商有四大步骤：首先要扶持下游，让下游产生动销。因为下游有我们的 C 端，C 端若是不消费，B 端就会找我们来退款。其次要整合上游。再次要寻找新的盈利增长点。最后形成闭环收入链。有这四条招商流程，便可保证商业策划成功进行。

第三步：有精彩的招商 PPT。招商 PPT 里主要包含这些要点：你向潜在合作伙伴传达什么信息？如何传达信息才能激发他们的投资兴趣？如何传达才能让他愿意与你合作？这些 PPT 里的内容至关重要，它设计的好坏关系到投资人合作意向的强烈程度，所以大家一定要谨慎为之。

第四步：要有招商的视频。通常来说招商视频围绕这几方面展开：我是谁？我是干什么的？我让你合作的理由是什么？跟我合作，你能得到什么好处？为什么现在要跟我合作？当你把这些问题阐述好，就能让听众信服你，然后对你的项目产生信心。

第五步：要有完整的招商方案。一个完整的招商方案主要包括三个方面的内容：潜在的客户用什么方式跟你合作？合作有多大的风险？合作之后他们会得到哪些好处？

第六步：要有招商合同。和客户合作，要为他提供一个公平公正的合作框架，这个框架既不能站在你方，也不能站在他方，这才算是一个好的招商合同。而这个优质的招商合同能确保你的招商会议顺利进行，也能帮助你成功吸引到合作伙伴。

作者点评»

招商是企业开拓市场、开拓客户、推广产品的重要方式，更是企业提升现金流的重要手段之一。我们要想让招商活动顺利进行，就要懂得六个基本步骤，有了这些步骤的指引，我们才能有条不紊地顺利完成公司的招商任务。

如何设计一个成功的招商方案

经典案例

众所周知，一个成功的招商方案对于企业而言至关重要，因为它不仅是招商工作的指导方针，同时也是企业招商的基础和核心，更是降低招商风险的关键。那么，我们应该如何设计招商方案呢？表11-1是我在给大家设计招商方案时常用的一个模板，可作为参考。

表11-1　招商方案常用模板

级别说明	投资额	权　益	推　广	业绩累计
战略合伙人	100万元	300万元	25%	2.5%
城市合伙人	30万元	60万元	20%	2%
创业合伙人	10万元	15万元	10%	1%

在这个模板里，我把合伙人分为三个级别，创业合伙人、城市合伙人和战略合伙人，合伙人的级别不一样，投资的金额也不一样。举个例子，合伙人投资10万元，那么他可以获得15万元的收益；投资30万元，则可以获得60万元的收益；投资100万元，则可以获得300万元的收益。

当然，除了金钱的收益，合伙人还有第二个权益，即推广权。比如，投资10万元的合伙人若是能推广一个合伙人，就可以获得10%的推广佣金。而交20万元的合伙人，可以获得20%的推广佣金，交100万元的合伙人，可以获得25%的推广佣金。最后，还有业绩累计，即你帮我推广，我给你

总业绩的 1%、2% 或者 2.5%。当然，除了上面提到的三项权益，我们还可以根据自己的实际情况为投资者设置其他不同的权益。

模式分析

读完上面的表格，细心的朋友也许会发现，按照投资和收益的占比来讲，只有中间的 30 万元的投资是最划算的。事实上，我们设计这个招商方案的目的就是想通过杠杆让你选中间的投资金额 30 万元，这是我们重点推广的金额。如果你有类似的需求，可以参照上面案例中那个招商方案的模板。

另外，我们在设计招商方案的时候，还要注意以下三点。

一是明确优势，扬长避短。在写招商方案之前做好调研工作，然后将自身独特的、唯一的、权威性的优势充分展现出来，这样才能吸引投资方的眼球。如果我们不懂得扬长避短，展现自身优势，那有可能让竞争对手捷足先登，从而导致招商失败。

二是明确自己的招商目标。不同的企业有不同的需求，有的企业融资是为了支持业务扩张、研发创新等方面的工作，有的企业招商是希望引进先进的技术和管理经验等，还有的企业招商是为了通过合作，提升自己的品牌知名度等。因此，招商目标不一样，设计出来的招商方案也不尽相同。

三是招商方案要有创意性和实用性。比如，在招商的过程中可以引进在线问答、投票等新颖的形式与投资者交流互动，以此增加他们对企业的信任感和参与感。再如，方案中为客户提供最优质的售前、售中和售后服务，方案中设计一些体现企业文化特色的元素等，这些都可以展现出企业的独特魅力和未来发展前景，从而获得投资者的青睐。

作者点评»

合伙人跟消费者是两个不同的概念。招商最重要的是把合伙人的资源变现，而不是把传统进货的人，变成你的合伙人，这样的话，公司必然会导致失败。大家在设计招商方案的时候一定要清楚这一点，否则无法使得公司的利益最大化。

12. 内外合伙现金流模式

想办法把员工存在银行的钱，或存在别的地方的资产，变成跟老板、跟公司是一个利益共同体，钱在心就在，心在人就在，人在，这个事就能成！

——王冲

内部合伙：让每一位员工成为创客

经典案例

近年来各个行业都不景气，因此很多养生会馆面临着客流少，竞争压力大，现金流断裂的风险，但张总的足浴店却呈现出截然不同的结果。他的足浴店一年四季都人来人往，店面也从原来的一家，裂变成十家，而且每家的技师忠诚度都很高，工作积极，服务到位，客户好评率很高。

那么他是如何做到的呢？他采用的商业模式是"引流＋截流＋融资"的方式。为了吸引目标用户进店，他推出了59元享受188元的按摩服务，而且还免费赠送一顿价值55元的自助餐。这样划算的活动对于客户而言，简直没有任何抵抗力，于是他的店铺一下子就火爆起来。等到引流结束之后，他们又设置了截流的方案，即充1000元送1000元的活动。这就相当于给客户打了5折，如此优惠的价格，客户自然也不会拒绝。而老板也凭借着这一招获得了一定的现金流。当张总沉淀了一定的资金之后，他又展开了下一步的动作：成立另外一家公司。这个新成立的公司专门供应自家店面的原材料，这种产业链思维也让他赚取了很多利润。

在建立了一定的产业链之后，他又推出了一个机制，技师只有往公司账上存3.8万元，定存两年，那他服务的每一个客户都可以多拿10元的提成，这个机制对于技师而言非常友好，按照这个提成制度计算，他们每年可以多拿3万多元钱。而对老板而言，每个技师给公司贡献3.8万元，那么他就可以在短时间内获得300多万的现金流。有了这个现金流之后，他又可以开后面的第二家店、第三家店了。

店面的数量扩展之后，他也没有为缺少技师而头疼过。因为店里的员工推荐新人也可以获得2.5%的推荐奖，而且如果来店的新人待够一年，公司还会给推荐者800元的推荐奖。如果新人在公司存3.8万元，那么这个推荐人也会获得1000元的奖励。通过这一系列的机制，张总解决了店面缺人和培养人的问题，这样自己的足浴店就走向了正面的循环。

模式分析

一个老板和团队员工有四种关系，第一种关系叫雇佣关系，第二种关系叫合作关系，第三种关系叫合伙关系，第四种关系叫投资关系。通常来讲，一个格局大的老板，不会把自己和员工的关系仅仅局限在雇佣与被雇佣之间，而是积极探索，寻求更多合作的机会。比如，建立内部合伙机制，让员工成为创客，以此增加自己的现金流。

在上面这个案例中，张总就是一个经商格局大，懂得跟员工精诚合作的人。他先用引流的方式把客户拉进了店里，接着用截流的方式为店面捕获了一大批的资金。这些资金可以帮助他开展下一步的计划。在这里我们提醒一下大家，为客户提供优惠活动时，尽量不要提供多个方案，这样会提高他们的选择难度，从而降低他们参与的欲望。

当产业链完善之后，他又建立起了员工合伙机制。这一步操作不仅为自己赢得了资金支撑，而且还充分调动了员工的积极性，利用了员工的人脉关系，为自己事业的发展添砖加瓦。而员工们也因为他的这个合作机制，大受裨益，在这段合作关系中，大家愉快地达成了共赢的结果。

最后提醒大家，在建立员工合伙机制时，虽然要考虑员工的利益，但是分配的时候也要遵守一个很重要的前提：即本金先回。举个例子，老板和员工合伙开一个子公司，这个公司共投资100万元。在投资的时候，假如老板投70万元，让身为店长的员工投30万元，这样的话按道理来讲，收益老板分70%，店长分30%，但其实这种分配是错误的，不符合分配的原则，分配的原则是谁出力谁当家，谁分得多。所以正确的做法应该分两个步骤，第一个步骤叫先回本，老板投了70万元，先回本70万元。第二个步骤，本金回来了之后三七分，老板投70%，但只分30%。店长投30%，但可以分70%。这样的话，才能充分调动店长的积极性，从而促使他卖力为这个子公司贡献自己的力量。

作者点评»

建立员工合伙机制，不仅可以帮助企业聚拢现金流，而且可以让员工从打工者思维转变为创业者思维，让员工有主人公意识，利益共享、风险共担。这对于企业的发展而言至关重要。

外部合伙：吸收资源，吸收资金

经典案例

朱总出身房地产行业，因为爱喝茶，喜欢茶文化，一直想将茶文化推广出去，让更多人了解传统的茶文化。在这种想法的驱使下，朱总承包了茶山、开了茶厂，做起了茶文化推广事业，在线下拥有几家体验店，拥有40多位员工，一年的销售额在2000万元左右。

虽然销售额看起来不错，但基本都是靠老板的个人关系做出的业绩，再去掉租金、人工、水电等均摊下来以后，实际利润并不高，后来经过朋友的介绍，朱总参加了我的课程，之后他便开始改变商业策略。

招数一是从招聘到招商。具体包括七个步骤：减少人员招聘，开始面向社会进行招募合伙人，设计不同等级的合伙方案；投资3万元成为银级合伙人；赠送3万元的茶产品，价值8000元的茶台一套，专业定制茶产品包装；赠送茶艺课程培训一次；赠送价值2400元的去氘水；赠送20张茶产品7折会员卡；裂变3个同级或更高级别合伙人，将全额返还合伙金。

经过一年左右的实践，方案逐渐成熟落地，就在势头越来越好的情况下，2020年突如其来的疫情打乱了所有计划，线下店铺全部停摆，无法营业，朱总一时间也不知道怎么做才好，恰好2月28日我第一次在抖音直播，在分享过程中，我的一句“标准产品走线上，非标（服务、体验）走线下”点醒了朱总，第二天一早立刻与我进行了深入交流，当即决定进军抖音，做直播电商。

招数二是数字化营销。具体包括四个步骤：开设抖音账号，拟定人设；拍摄茶文化短视频；培养主播、助播以及直播间相关人员；主播轮班直播，线上销售茶叶、茶具等产品。

招数三是配销。包括三个步骤：买1000元茶叶，送一套茶具；买5000元茶叶，送一套茶台；买10000元茶叶，送一台按摩椅、一套茶台。

这几套组合拳一打，发展速度很快，一年时间账号积累了100多万粉丝，产品销量超过10万单，均价在200+，销售额约3000万元，别看和之前做线下的销售额差不多，但是这不需要门店租金，员工也由过去的40人降到现在只有3个主播，使企业有效地降低了成本，纯利润大大增加。

模式分析

一个聪明的老板不仅要有格局，懂布局，而且还要善于借力打力，利用一切资源为自己铺路。他们除了建立员工合伙机制，让每一位员工成为创客之外，还懂得建立外部合伙人机制，吸收他们的资源和资金，以此强大自身的实力。

在上面这个案例中，朱总就是一个非常聪明的老板，他通过对外合作的模式既为公司争取到了现金流，而且还通过这些合伙人的关系，又裂变出同级或更高级别合伙人，从而让自己的公司迈向了更加稳健的发展道路。

像朱总一样，利用外部合伙人机制为公司发力，固然是一件好事，不过我们在合作的时候需要注意以下四个方面的内容。

一是与合伙人有共同的目标。创业者必须跟合伙人树立一致的目标，这样才能意见一致，并肩前行，共同发力，为公司创造更好的未来。假使双方的战略目标不一致，那么行动的时候必然会南辕北辙，从而人心涣散，两者合力也发挥不出最大的价值，公司的发展也因此会受到很大的阻碍。

所以，大家在挑选合作伙伴时，一定要谨慎一点。

二是明确双方的职责和权益。我国历来有句俗话叫：“先小人，后君子”。凡是涉及金钱利益的问题，一定要提前说清楚，否则会为公司后来的发展埋下很多隐患。在明确双方的职责之前，要搞清楚外部合伙人的价值点在哪里，他是为公司带来人脉，还是带来技术，抑或是通过参与经营，让公司的利润上涨，等等。明确了外部合伙人贡献的价值之后，就要用书面形式清晰地规定他该负的责任。责任范围在哪里，出现问题承担什么后果等，都要提前说清楚，以免后续因为责任不明确，相互扯皮。

三是设计合作机制。明确了责任之后，我们再根据他的职责设计合作机制。通常来讲，在合伙创业中，双方所争取的利润分配与创业初期投入的资金是成正比的。双方合作过程的投入比例利润分配商议完成后，需要以书面形式记录下来。这是后续双方利益分配的基本依据。

四是设计退出机制。大家还要合作方的退出机制。我们知道，天下无不散之筵席。合作双方只有提前制定好公平合理的退出机制，才能好聚好散，双方不至于为了某项损失闹得面红耳赤。

作者点评»

建立外部合伙人机制至关重要。如果我们在制定的时候没有把双方的职责和权益讲清楚，很有可能使得合作方为了一己之私把自己多年打造、经营的公司带入万劫不复的深渊。

13. 众筹现金流模式

现金流就是企业生存和发展的命脉。一旦企业出现资金危机，那后续就没有了可持续发展的动力。此时如果我们要想破局，可以借助众筹模式。不管是众创众筹，还是股票众筹，抑或是产品众筹，都可以为企业输入生存和发展的“血液”，从而维持企业正常运营。

——王冲

众创众筹，积沙才能成金

经典案例

在白酒行业，有一个品牌知名度较低，但是它却做得非常好，一年的销售额能达到惊人的22亿元，市值估值120亿元。这个名不见经传的白酒品牌名字就叫肆拾玖坊。它的成功很大程度上得益于“众创众筹”模式。

具体它是这样做的：第一，总部众筹49个股东，每个股东交10万元。所以，总部投入490万元起盘资金。另外，每个股东必须创建一个分舵，每个分舵至少创建一个堂口。每个分舵发展100人成立堂口，每人众筹3万元，总共300万元，其中200万元作为堂口启动资金，100万元作为产品货款；堂口100人，每人发展至少100人，成立万人社群。通过这种方式，直接回笼资金超过1亿元以及超过100万社群用户。

数量如此之大的人，一起筹集资金，最终成功打造了一家上市公司。

模式分析

现在越来越多的人嘴里都在说着一个词语叫“众创众筹”。比如，买一份理财产品众筹一下，购买一件衣服，再众筹一下。那么什么是“众创众筹”呢？“众创”指通过创业创新服务平台聚集全社会各类创新资源；“众筹”指通过互联网平台向社会募集资金。通俗来讲，众创众筹就是通过大家的力量来共同完成项目，实现共同收益。

在上面这个案例中，肆拾玖坊就是采用了众筹的模式。读完案例我们不难发现，众筹模式最大的好处就是人多力量大，众人拾柴火焰高，筹集资金的速度非常快。不过正因为众筹包罗万象，所以导致它具有一定的风险。试想一下，几百个人共同出资创立一个公司，这就代表大家的股份占比都很小，这样一来，到底谁说了算呢？另外，这些模式下的决策成本极高，因为参加的人数比较多，所以会议效率会很低。此外，干活的股东会眼红那些不干活的股东，这样一来大家都不团结。所以，尽管众筹模式众人拾柴火焰高，但是一不小心也容易引火烧身。

为了更好地发挥这个模式的作用，一般聪明的老板会引导大家“众筹众创”，简单点说，就是大家都干活，大家都赚钱，这样一来就可以保障公司既有钱，又有人干活。

最后，提醒大家众筹模式很容易被人们判断为非法集资。为了避免自己滑向错误的深渊，项目的发起人必须做到四点：第一，保障自己发起的项目是真实存在的，不能是虚构的；第二，你向投资人募资的过程中不能向投资人承诺保本保收益；第三，你跟投资人之间要签署完善的投资协议；第四，众筹结束后这笔款项必须投到你向投资人公布的这个项目当中去。企业管理者只有做到以上四点，才不会被定性为非法集资。

作者点评»

众筹模式优势十分明显，但是缺点也是显而易见的。大家在使用这个模式的时候，一定要谨慎而为，以防出现“大难临头各自飞”的场面。

股权众筹，当私募股权遇见互联网

经典案例

“钱妈妈”最初是一家实力比较弱的生鲜超市。刚开始他们因为经营不善，导致资金断裂亏损，几乎夭折。后来，老板转变思路，推出一系列的商业模式，将“钱妈妈”从亏损的边缘拉了回来，如今它华丽转身，成为传统零售行业的标杆。

老板具体的蜕变方案是这样的：一是为了解决资金链问题，释放 80% 的分红股权、内部融资 200 万元。二是为了解决门店每月客户问题，部分商品成本价销售，每个店收款 10 万元。三是为了解决门店生意持续问题，天天打折到免费送，让客户排队。

关于股权众筹的方案，具体他是这样做的：店长上交 4 万元押金，就可以获得店里 30% 的分红。如果他能再找到剩下 6 位员工，每人交 1 万元押金，就可以享受店里 10% 的分红。签订一年合同，一年合同到期，如果不想合作了，押金全部退回。“钱妈妈”用这种方式每个店收了 10 万元押金，20 个店就收到了 200 万元押金。这些众筹方式让它解决了店里的资金问题，之后，它又把店内的刚需产品，即柴米油盐酱醋茶这些老百姓平时消费频率高且刚需的商品低于成本价销售。不过，这个低价不是谁都可以享受的，它设置了一系列的门槛，比如，只有下岗工人、教师、残疾人、退伍军人等才可以参与，或者花 1000 元成为超市 VIP 会员才可以享受低价物品。通过这个活动，它的每个店又收到了 10 万元。

在解决了资金和门店客流的问题之后，它又开展了“天天打折到免费送”的活动，具体来说是这样操作的：营业时间从早上 9 时到夜里 24 时。每天 19 时开始打 9 折，19 时 30 分打 8 折，20 时打 7 折，20 时 30 分打 6 折，21 时打 5 折，21 时 30 分打 4 折，22 时打 3 折，22 时 30 分打 2 折，23 时全场 1 折。如果打 1 折还没有卖出去，店内所有的商品都全场免费送。

就这样它依靠三部曲彻底打响了自己的品牌名声，一举成了生鲜界的扛把子。

模式分析

在众多的众筹模式中，有一种模式叫股权众筹，它是指公司出让一定比例的股份，面向普通投资者，投资者通过出资入股公司，获得未来收益。这种基于互联网渠道而进行融资的模式被称作股权众筹，另一种解释就是“股权众筹是私募股权互联网化”。在上面这个案例中，“钱妈妈”就用股权众筹的方式解决了资金短缺的问题，为超市争取到了生存下去的机会。

不过股权众筹虽然是一个不错的筹集现金流的方法，但它也有一定的局限性，比如股权众筹的融资额度普遍较低，这也就意味着那些初期投入较高的科技类、制造类企业无法使用这一众筹方式募集资金。另外，股权众筹只适合从未进行过融资，或者只进行过少量对外融资的企业。

另外，企业的领导者如果要采用这种方式融资的话，要经历项目筛选、创业者约谈、确定领投人、引进跟投人这几个流程。这是大多数股权众筹平台的基本流程，大家在筹集资金的时候注意一下。

此外，大家在股权众筹的时候，还需要遵守一定的规则：股权众筹项目必须在平台规定的 30 天内达到或超过目标金额才算成功；在设定天数内，达到或者超过目标金额，项目即成功，发起人可获得资金；筹资项目完成后，投资人将会得到项目的股权，如果项目筹资失败，那么已获资金全部退还投资者；投资者认购满额后，将钱款打入第三方支付托管账户；平台协助项目方成立有限合伙企业，投资者按出资比例拥有有限合伙企业股权；第三方支付托管账户的钱将分批打入有限合伙企业的账户，每次打入有限合伙企业需要经过所有投资人的同意，股权众筹不是捐款，是根据投资者的出资额比例占企业的股份，待项目结束后分享项目的收益或承担项目的亏损。

作者点评 »

股权众筹适合阶段性的项目，不适合那些长期需要运营的项目。如果非要拉长战线，那一定要把控制权设计好，否则后面会有很多麻烦事情。

产品众筹，助力企业玩转现金流

经典案例

有一家葡萄园的老板设计了这样一种产品众筹模式：交398元成为他们葡萄园的会员，会员第一年可以享受4件15元一斤的普通葡萄；第二年可以享受2件15元一斤的葡萄；第三年可以享受价值600元的有机葡萄2件。而且最重要的是3年以后葡萄园还会直接退给投资者400元。如果投资者不愿意退，还可以把这笔钱用来购买葡萄，购买的时候可以享受8折优惠。

葡萄园的老板利用这个众筹模式获得了一大笔现金流，然后他拿着这笔钱把葡萄基地变成一个旅游景区，而且这个景区属于国家3A级的旅游景区。这个景区升级改造完之后，不仅具备种植葡萄的功能，而且还形成了“美酒、美食、美景”三美产业，成为集葡萄采摘、酿酒、品酒、旅游观光为一体的旅游胜地。

模式分析

产品众筹是指投资人将资金投给筹款人用以开发某种产品（或服务），待该产品（或服务）开始对外销售或已经具备对外销售的条件的情况下，筹款人按照约定将开发的产品（或服务）无偿或低于成本的方式提供给投资人的一种众筹方式。

上面这个案例中的老板就是采用产品众筹的模式获取现金流的。他先用投资人的钱开发了一个集“美酒、美食、美景”三美产业于一体的旅游景区，接着给那些曾经的投资者一定的回报，这是典型的产品众筹的做法。

利用产品众筹获取现金流的好处在于它可以帮助投资者实现自己的梦想；另外，这种筹集方式可以生产出更符合客户需求的产品，同时也促进科技的进步。从这个意义上来讲，这是一次使资金更有价值的投资。

公司老板在第一次做产品众筹时需要注意以下三个问题：第一，保证你的产品要符合用户的需求。能戳中用户的痛点，这样才能保障他们将来会愿意为你的产品埋单。第二，产品众筹也需要做推广。俗话说“酒香也怕巷子深”。所以，为了更好地筹集到资金，我们在做产品众筹时一定要充分利用好社交媒体。第三，在众筹项目刚启动的时候，大家一定要做好运营工作。时刻关注用户的反馈，解决用户遇到的各种问题和疑虑，然后汇报项目的进度，以此保障项目的口碑。

最后提醒大家，中小卖家众筹不推荐以下产品：一是带电产品（带电池或插交流电）的产品。产品品控很难把握，风险系数较高，出口各国和各平台需要进行相关认证，不可抗因素较多。二是太大、太重、单价太高的产品。高单价的产品的启动资金门槛较高，中小卖家承受能力有限。中小卖家的众筹起点应该尽量控制在20万～30万元，尽量做一些单价在20～50美金、利润率相对更高的产品。三是运营难度比较大的红海类目产品。产品成功跟卖家的运营水平有很大的关系。这类产品不好把控，不建议众筹。

作者点评

产品众筹模式开发成本高，试错风险大，如果大家手头的资金比较充足，可以将资金分散投入多个产品开发中，这样不至于出现篮子不小心倒了，所有鸡蛋都被打碎的现象。

14. 资本补贴现金流模式

拿别人的资助做大做强自己的生意，获得资源分配来推动特定领域的增长，是资本补贴的核心。

——王冲

从“供血”到“造血”

经典案例

滴滴作为网约车行业的领军企业，是资本补贴的典型代表，其资本补贴策略主要体现在对司机和乘客的激励上。为了吸引和留住更多的司机，滴滴承诺抽成公开透明，并投入上百亿元司乘补贴。这样的补贴策略不仅提高了司机的收入，也提升了滴滴平台的服务质量和市场竞争力。此外，滴滴还通过提供免佣、奖励活动等多种方式，鼓励司机在节假日或特定时间段内增加接单量，从而满足更多乘客的出行需求。对于乘客而言，滴滴的补贴策略也起到了积极的推动作用。通过提供优惠券、折扣等福利，滴滴吸引了大量乘客使用其服务，进一步扩大了市场份额。总的来说，滴滴的资本补贴策略有效地促进了司机和乘客的活跃度，提升了平台的服务质量和用户体验，为滴滴在网约车市场的持续发展奠定了坚实的基础，也为企业发展提供了源源不断的现金流。

模式分析

由此可见，资本补贴可以为企业提供额外的资金，帮助企业开展新项目、扩大生产或研发新产品以及进行市场拓展等。

如果把企业比作人，资本补贴就像体外供血机，初始的资本补贴是为了培育机体的造血功能，靠体外输血，增强自身造血功能，这样的血液循环才具有可持续性。通过资本补贴可以直接创造顾客，资本可以迅速放大企业的营销能力。有了资本支持，企业可以购买最有价值的创新甚至收购同业竞争者的公司。资本远不止这么简单粗暴，它还扮演了为营销和创新进行储能、借能及赋能的作用，能够为企业提供现金流。

资本补贴作为企业资金来源的一部分，对企业的现金流具有显著的影响。首先，资本补贴可以增加企业的现金流入。当企业获得资本补贴时，这些补贴资金将直接注入企业，增加企业的现金储备。这有助于缓解企业的资金压力，提升企业的现金流状况。其次，资本补贴可以用于支持企业的运营和投资活动，从而对企业的现金流产生间接影响。企业可以利用这些补贴资金进行研发创新、扩大生产规模、改善设备设施等，提升企业的竞争力和盈利能力。这些活动将进一步改善企业的现金流状况，增强企业的资金流动性。此外，资本补贴还可以降低企业的融资成本，减少企业的现金流出。由于资本补贴提供了额外的资金来源，企业可以减少对外部融资的依赖，从而降低融资成本和利息支出。这将有助于减轻企业的财务负担，提高企业的盈利能力，进一步改善企业的现金流状况。

例如，拼多多创立三年后，在美国纳斯达克上市，不久市值便突破 300 亿美元。瑞幸公司在创业阶段以 10 亿元人民币资本补贴顾客，一年开出 2000 多家咖啡店，只用了一年半时间就在纳斯达克成功 IPO，上市当日市值 47 亿美元。

通过资本补贴模式与企业的创新、营销相结合，不断循环发生储能、借能与赋能，叠加创新的模式与营销模式之间的增加反馈循环过程，就会产生三者之间的联动效应。

作者点评»

企业经营活动现金流面临断裂风险的企业，往往需要通过不断融资进行资本补贴来回血。资本补贴可以直接增加企业的可支配资金，进而增强企业的流动性，优化现金流结构。

企业不应仅仅依赖资本补贴来改善现金流，而应结合自身的经营策略、市场定位、成本控制等多方面因素，制订更为全面和有效的现金流管理方案。例如，通过优化供应链管理、提高应收账款周转率、降低存货水平等方式，企业可以更有效地管理现金流，提高资金的使用效率。

在申请和使用资本补贴时，企业应确保遵守相关法律法规和政策要求，避免产生不必要的法律风险。同时，企业也应积极探索其他可持续的现金流来源，如拓展市场份额、提升产品竞争力等，以确保现金流的长期稳定。

资本补贴盈利机制

经典案例

瑞幸咖啡在发展过程中采用了资本补贴的策略。在面对市场竞争和扩大市场份额的需求时，瑞幸咖啡通过大规模的补贴活动吸引消费者。这些补贴可能包括优惠券、折扣、买一赠一等形式，旨在降低消费者的购买成本，提高瑞幸咖啡的知名度和市场份额。此外，瑞幸咖啡还通过与其他企业合作或开展联名活动等方式，进一步推广其品牌和产品。这些合作可能涉及共同举办活动、互相推广等，有助于瑞幸咖啡扩大品牌影响力，吸引更多潜在消费者。然而，值得注意的是，瑞幸咖啡在补贴策略上也曾经历过一些波折。例如，在2020年，瑞幸咖啡因财务造假事件引发了广泛的关注和讨论。这一事件对瑞幸咖啡的品牌形象和股价都造成了一定的影响。但随后，瑞幸咖啡通过采取一系列措施，如调整经营策略、改善财务状况等，逐渐恢复了信誉和业绩。

模式分析

补贴模式的核心是低调地跟着政策走。目前不少企业是靠吃补贴为生的。在“大众创业，万众创新”的东风之下，国家对不少企业都推出了非常多的好政策。补贴是政府或公共机构向某些企业或个人提供的财政支持，旨在实现特定的经济或社会目标。这些目标通常是基于国家整体发展战略和政策导向，因此补贴的发放和使用必然受到政策框架的制约。政府会根据不同的产业、地区或社会群体的发展需要，制定相应的补贴政策。这些政策明确了哪些企业或项目可以获得补贴，以及补贴的具体金额和方式。因此，企业或个人要想获得补贴，就必须紧密关注政策动态，确保自身符合政策要求。

政府为了确保补贴资金的有效利用，通常会设立专门的机构或部门来负责补贴的审核、发放和监管工作。这些机构会根据政策要求对申请补贴的企业或个人进行严格的审查，确保补贴资金用于政策规定的用途。同时，政府还会对补贴资金的使用情况进行监督和检查，防止滥用和浪费。补贴的发放和使用是否符合政策目标，是衡量补贴效果的重要标准。因此，企业在申请和使用补贴时，必须充分考虑政策目标，确保自身行为与政策导向相一致。

资本补贴模式最终实现的是企业资源与能力的集合，是企业资本最重要的部分。借助资本补贴进行盈利是企业要重点考虑的内容。即使有了资本的补贴如果没有盈利机制也会浪费资本带来的资源。

什么是盈利机制呢？例如，麦当劳能从一个小型汉堡店发展成全球拥有三万家分店的世界500强企业，主要得益于它优秀的盈利机制。麦当劳的盈利机制包括直营店收入、加盟店收入、地产收入、供应链收入、区域业务所有权等收入。另外，企业要依靠资本补贴来改变盈利机制中的资本存量。企业所有者可以对盈利机制进行资本输入和输出的操作。例如，京东释放15%的股权获得腾讯2.14亿美元的现金增资，并将腾讯的QQ网购、拍拍网并入京东。企业通过实施对外投资合作、兼并收购、IPO等资本运作方案可以实现超常规发展，增加资本存量和扩大盈利能力。通过资本补贴不仅能够拓展盈利机制还可以增加资本存量。

作者点评»

除了以上常见的盈利，还有以下更多方面的好处。

通过资本补贴，能够降低企业的运营成本，包括研发成本、生产成本、市场推广成本等。通过降低这些成本，企业能够更灵活地应对市场竞争，提高产品或服务的质量，从而增强市场竞争力，实现更多的销售收入和利润。

资本补贴往往针对具有创新性和技术含量的项目或企业，通过提供资金支持，促进企业加大在研发和创新方面的投入。这种投入有助于企业开发新产品、改进生产工艺、提升技术水平，进而获得更高的附加值和市场占有率，实现盈利增长。资本补贴可用于支持企业的市场推广和品牌建设活动，如广告宣传、市场拓展、渠道建设等。这些活动有助于提升企业的知名度和影响力，吸引更多潜在客户，扩大市场份额，从而增加销售收入和利润。资本补贴可以作为企业资金来源的一部分，减轻企业的融资压力，降低企业的财务风险。通过合理利用资本补贴，企业可以优化融资结构，降低融资成本，提高资金利用效率，进而增强企业的盈利能力和稳健性。

资本补贴往往与政府的产业发展政策、区域发展政策等紧密相关。政府通过提供资本补贴，旨在引导企业投资方向，促进产业升级和区域经济发展。企业在符合政策导向的前提下，可以获得更多的市场机会和政策支持，从而实现盈利增长。

资本补贴和政府补贴

经典案例一

某地方政府为了促进当地的新能源汽车产业发展，决定对符合条件的新能源汽车生产企业提供资本补贴。这些补贴可以用于支持企业的研发活动、生产线升级或市场推广等方面。通过这种方式，政府希望鼓励更多企业投入新能源汽车领域，推动整个产业的快速发展。这些补贴资金并不成为企业的资本金，而是作为额外的资金支持，帮助企业克服短期内的资金困难，实现特定的经济或社会目标。

经典案例二

某市政府计划建设一条新的地铁线路，但由于项目规模庞大，资金需求量巨大，政府决定通过资本金注入的方式提供部分资金。这意味着政府将直接出资成为该项目的股东之一，与其他投资者共同承担项目的风险和收益。这部分注入的资本金将成为项目公司的注册资本，用于项目的建设和运营。通过这种方式，政府不仅能够为项目提供稳定的资金来源，还能够通过参与项目的经营和管理，确保项目按照政策导向进行，实现社会效益和经济效益的双赢。

模式分析

政府和社会资本合作实施多年以来，一定程度上起到了改善公共服务、拉动有效投资的作用。政府和社会资本合作一般会聚焦使用者付费项目，明确收费渠道和方式，项目经营收入能够覆盖建设投资和运营成本，具备一定的投资回报。

资本补贴和政府补贴都属于向企业提供支持的一种方式，分为投资和资本金注入两种情况。

资本补贴投资主要指的是政府使用预算安排的资金对符合条件的项目进行投资补助，补助的形式可以是一定限额或比例的资金安排。这种补贴旨在通过提供资金支持，鼓励企业或个人进行特定类型的投资或创新活动。资本补贴投资更多地表现为一种外部力量的介入，以推动特定经济或社会目标的实现。

而资本金注入则是指政府安排政府投资资金作为经营性项目的资本金，指定政府出资人代表行使所有者权益，项目建成后政府投资形成相应的国有产权的方式。资本金注入强调将资金直接注入项目或企业中，成为其资本的一部分，与企业或项目的经营和发展紧密相关。这种方式更多地体现了政府作为直接投资主体或主体之一的角色，通过直接参与企业或项目的经营，实现其政策目标。

资本补贴投资主要用于支持那些符合政策导向但可能面临资金瓶颈的项目或活动，其目的在于引导社会资金流向特定领域。而资本金注入则更多地用于支持经营性项目，通过增加企业或项目的资本金，增强其运营能力和市场竞争力。

资本补贴的额度和方式可能因国家政策和企业所处行业的不同而有所差异。例如，中国政府为了促进电动汽车行业的发展，在汽车制造业推出了一系列的资本补贴政策，以支持符合条件的国有汽车企业进行电动汽车

项目的研发和生产。

作者点评»

企业如何向政府提出资本补贴申请呢？一般有以下五个步骤。

第一步：了解政策。仔细研究政府发布的相关补贴政策，包括补贴的对象、条件、金额以及申请流程等。这有助于判断自身或企业是否符合申请条件，并明确所需准备的材料和申请的具体要求。

第二步：准备申请材料。根据政策要求，准备完整的申请材料。这些材料可能包括企业或个人基本信息、财务状况证明、项目计划书、可行性研究报告等。确保申请材料的真实性和完整性，以免影响申请结果。

第三步：提交申请。按照政策规定的途径和时间节点提交申请材料。这可能涉及在线填写申请表格、上传相关文件或提交纸质申请材料。在提交申请前，务必仔细核对材料，确保没有遗漏或错误。

第四步：等待审核。提交申请后，等待政府部门的审核。审核过程中，政府部门可能会对申请材料进行核实，或要求补充相关信息。请保持联系方式畅通，以便及时接收通知。

第五步：获得补贴。如果申请获得批准，政府将按照约定的方式和时间节点将补贴资金拨付给申请人或企业。请确保在收到补贴资金后，按照政策要求使用资金，并履行相应的义务和责任。

15. 产业链现金流模式

市场的一切都是由强弱关系决定的。产业链也是现金链，老板要学会从前端往后端走，赚别人看不到的钱，老板的思路要从简单的产品上升到产业链，不要只看到产品本身。

——王冲

互联网 + 连锁 + 产业链

经典案例

如果让你做全聚德公司的运营总裁，你会如何运作这家公司？

你需要长时间的思考，而且基本上难以脱离传统的“生产—销售”系统。运营这类传统公司的模式已经完全脱离了传统营销策略，收益模式也从单一售卖产品提升为全产业链联动收益。

其做法可以概括为“六维法”：

第一维：全国招加盟。一个城市、一个县只有两家加盟店可以经营全聚德，全国预计可加盟约6000家店，每家收30万元加盟费，总计收入约18亿元加盟费。

第二维：运营费。每家店每天约烤50只烤鸭，每只烤鸭市场售价298元。总部规定每只烤鸭收30元运营费，再加上每只烤鸭的成本价40元，即加盟店每只烤鸭的毛利为228元。想一想：一只烤鸭赚228元，一天售出约50只，即每个加盟店一天可以赚1万元左右，开店所投入的30万元加盟费很快就能回本。

第三维：运营管理费。全国约6000家店，每家店每年售出约500只烤鸭，每只烤鸭售价298元，一年的销售额约15万元。总部在每家店的年营业额基础上收5%作为运营管理费，每年这一项收入约为4500万元。用以教授各店铺怎么做烤鸭、怎么卖烤鸭、怎么做会员，运营管理费可以收18

个亿。

第四维：烤炉辅料费。全聚德烤鸭店的烤炉和辅料必须是统一定制的，由总部负责，才能从根本上确保烤鸭的整体品质。预计每台烤炉的费用为50万元，但因为各店铺刚交完30万元加盟费，现金流不会很宽裕，因此这部分费用可以缓期支付。例如，规定在赚回投入本金之后，每个月缴付5万元，10个月缴清。

第五维：烤鸭培训费。每家店铺都需要一名熟练技艺的烤鸭厨师，因此必须经过相关培训。但不能保证学成的厨师不会离开，因此就需要继续培训新厨师。为了确保烤鸭品质，培训厨师这一环节也必须由总部统一把控，每家店铺只需要交纳19800元，即可由总部终身帮助培训烤鸭厨师。

第六维：供应商资金周转。怎么理解呢？就是向供应商提出多给2个月的账期。为什么？因为企业的订购量太大了，记账、周转、核算账，就需要花费相当长的时间，所以不能按照7天结算，延长至2个月可以吗？当然可以，因为订购量大，供应商不会选择死抠账期而失去优质大客户的。

模式分析

产业链如果单纯地看，只能是单一的产业链，企业处于产业链的某个环节上。但如果将产业链延长看，将整个产业链都纳入企业经营范畴，产业链就有了另外一个名字，叫作产业链垄断。当然，这种垄断并非常规意义的垄断性经营，而是对经营各个环节收益的垄断，目的就是增加企业现金流。

企业经营为什么要将所在产业链都纳入进来呢？因为所有的商业模式可以叠加与附加。例如，互联网 + 直销等于什么？微商。互联网 + 连锁等于什么？新零售。互联网 + 金融等于什么？ P to P。互联网 + 直销 + 产业链等于什么？直播电商。

通过打通产业链赚取整个产业链的钱，实现最大的现金流，无论是阿里巴巴、字节跳动或是腾讯、百度，都在做全产业链经营。

那么，如何做产业链盈利呢？

我给出的建议是：多元化收入的产业链。就是将产业链上的所有环节都纳入可获得收益的范围，即每个环节都收益化。让企业彻底跳出只能依靠售卖产品获得单一利润的模式，这也是本章产业链模式的奠基模式。只有掌握了让产业链收入多元化的基础，才能进一步讨论上下游产业链收益和前后端产业链收益。

星巴克的咖啡从工厂出来的成本是2.5元/杯，但加上“星巴克”品牌后就升值为5元/杯。星巴克拥有全中国统一的销售渠道，即卖给星巴克全国总代理是7.5元/杯，而星巴克全国总代理卖给每一家星巴克加盟门店是9元/杯，星巴克门店再卖给消费者是26～48元/杯。当售价与成本之间有着巨大的利润空间，就必然会形成巨大的现金流。但是实现利润，并不是确保企业能持续发展的根本，因为太多的残酷现实告诉我们，盈利的企业不一定就生存得好，只有具备强大现金流的企业才能滋润地活着。

星巴克的经营模式就是典型的西方构建的商业渠道，做U形产业链的两端，一端做品牌，一端做渠道，把生产端和终端全部交给发展中国家做，付出最高的成本，却赚最低的利润。而产业链的U形两端都被西方国家所垄断，一端是品牌，一端是渠道，西方国家不希望发展中国家的企业也能做品牌，更不想让发展中国家的企业掌握渠道，他们希望发展中国家的企业永远帮他们做OEM的生产。正是在希望世界的商业渠道模式下，也因为我国改革开放亟须发展经济，所以我国在这种背景下成为“世界工厂”，生产制造业占全球的30%以上。

经过以上阐述，我们对多元化产业链收入应该有了更直观的理解。产品的未来是供应链，因为产业链才是盈利模式中最坚挺的。

产业链该如何形成呢？必须由企业生产、供需对接、价值输出和空间转移四个方面共同作用而成，如图 15-1 所示。

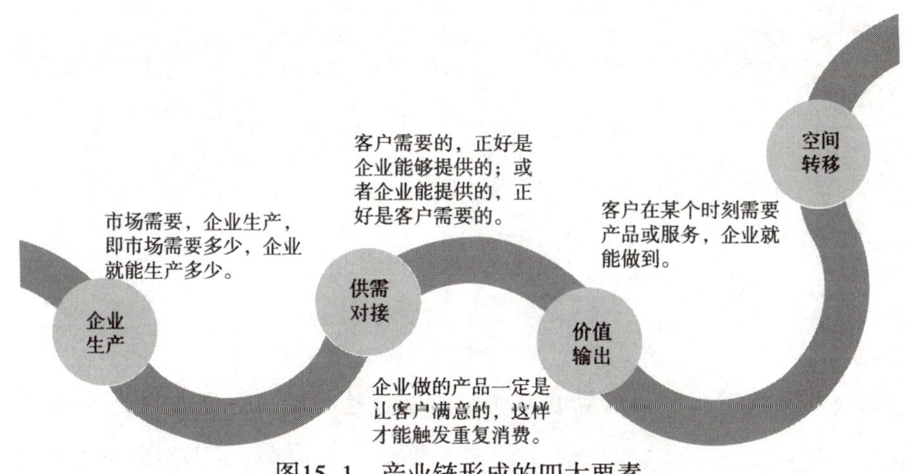

图15-1　产业链形成的四大要素

作者点评

我的一个核心观点是：互联网 + 连锁 + 产业链，才是企业的未来。无论你的企业经营什么，都应该选择“互联网 + 连锁 + 产业链”，而不是只用连锁。连锁是过去传统开线下门店，现在需要通过互联网做引流，通过连锁进行扩张，通过产业链获得盈利。所以，赚钱的是在产业链之中的部分。

我曾深入研究过，我国为什么要大力推进 5G 的直播电商？因为我们还想往前走，就只有支持直播电商，绝对不能再回到西方的老路。我们在品牌上、在很多价值上都输给了他们。所以，今天我们看到中国在商业模式上崛起，先通过原产地的 4G 工厂，再通过 5G 的直播平台，直接连接到粉丝。降低了整个社会的交易成本，提高了整个社会的运营效率。

扶持下游，整合上游

经典案例

陆总做调味品的生意已经有几十年了，是整个西南地区做得最大的调味品商。虽然说这个行业发展前景好，但是竞争也不小，如何能将事业越做越大，实现扩张，占据更多的市场份额，这个问题一直在困扰着陆总。在去年偶然的机会接触了王冲老师的课程后，经过半年的学习和老师的辅导，陆总利用以下几种模式实现了公司的彻底变革。

首先是扶持下游，具体做法如下。

第一步：与下游餐厅合作，办一张5000元的会员卡，给5000元的调料。

第二步：每个月由当地的信托或银行返餐厅416元，12个月将5000元全部返还。

第三步：如果一年内消耗调味品总金额在20万～30万元，送一台39800元的新能源电动车，调味品免费。

第四步：如果一年内消耗调味品总金额在30万～50万元，送一台49800元的新能源电动车，调味品免费。

第五步：如果一年内消耗调味品总金额达到50万元以上，送一台59800元的新能源电动车，调味品依然免费。

然后是整合上游，具体做法如下：

第一步：找上游厂家，给到厂家100万元。

第二步：转让 49% 的股份给陆总。

第三步：厂家一年的产能只能做到 1000 万元，利润 12%。但是如果产能能够做到 5000 万元，利润会有 25%。

第四步：如果陆总能将销售额保底完成 5000 万元，工厂老板再转让股份。

第五步：如果达成目标，再奖励陆总 100 万元。

模式分析

这家调味品公司从传统赚差价，改变模式做产业链盈利赚钱。之所以成功，就是因为这种模式无论对上游还是下游，都具有极大的利益。只是存 5000 元会员费，不仅能拿到对应的价值 5000 元的货品，还能在未来的一年时间全额返现。对于一家家下游企业而言，这种交易方式对他们的现金流没有丝毫影响。因为常规进货都是很消耗现金流的，但现在有不消耗现金流的进货渠道摆在眼前，岂能不加入呢！而且，这一年内还会视销售额，确定奖励价值。只要这些下游餐厅经营者的脑子在线，不用思考都能知道这其中具有多大的益处，还会拒绝合作吗？这样是不是就扶持了下游。

对上游的整合益处虽然没有像对扶持下游那样显而易见，但只要稍加分析，同样能发现其中的巨大的利益。这是一家产能达到 5000 万元的上游企业，但销售额却只能做到 1000 万元。这样的销售额，意味着净利润最多只能做到 12%，如果能达到 5000 万元的销售额，利润率就能做到 25%。如果不能连续两年每年帮助企业做到 5000 万元及以上销售额，不仅 49% 的股权“泡汤”了，这 100 万元也会被没收；如果能够连续两年每年帮助企业做到 5000 万元及以上销售额，则 49% 的股份兑现，企业还将给陆总 100 万元作为奖励。也就是说，企业在不受任何损失的情况下，可以静观陆总所作所为能给企业带来的益处。

那么，这家上游企业为什么会同意给陆总100万元作为奖励呢？我们来算三笔账：企业当下1000万元的销售额，一年的利润率是12%，即一年有120万元的净利润，两年就是240万元的净利润。而陆总开出的条件是帮助企业做到5000万元销售额，这样利润率将达到25%，两年就能做1亿元销售额，净利润将达到2500万元；现在陆总拿到了49%的股权，那么将分走利润中的49%，企业老板两年剩余的净利润差不多是1275万元。

现在到了做减法的时候，用1275万元减去240万元，净利润多出了千万元。这种情况下，该企业老板还不得高高兴兴地对陆总奉上分红所得和约定奖励的100万元。老板虽然因此减少了49%的股份，但也因此引入了陆总这样的高级合伙人，还享受了陆总带来的经营模式与上下游产业链。这种情况下，该企业必然会同意陆总的提议，这样就实现了对上游的整合。

由此可见，陆总等于并未向这家上游企业投入一分钱，却拿到了49%的股份和相对应的分红。综上所述，就是扶持下游来整合上游。作为老板，思路要从简单的产品上升到产业链，不要只看到产品本身。

市场没有真相，也没有真理，一切都是由强弱关系决定的。对于陆总的企业而言，虽然看似只收到了N个5000元的会员费。但正是这样的提前收入，扩大了企业的现金流。同时因为奖励政策致使这种经营模式的促销能力强悍，会有越来越多的下游企业加入，源源不断的5000元会员费将撑起企业不间断的现金流。更为重要的是，企业所掌握的下游企业多了，就意味着对产品的需求量增多了，陆总可以带着巨大的需求量同上游企业去谈合同、去议价。这也是为什么陆总能在整合上游企业的过程中占据主动，也能顺利说服上游企业老板让他拿到49%的股权。

作者点评 »

我告诫做老板的一定要记住：现金流大于利润。现金流比利润重要，手上有大把的现金流可以赚别的钱，不一定要赚本身。上游是不是还有原材料，下游是不是还有渠道？

就像一家 KTV 为什么不敢放弃赚啤酒的钱？因为觉得除了啤酒的钱还能赚什么钱呢？但是产业链上各个环节都会有收入，你的上游、你的下游，这中间都可以产生重大的收益，即现金流。而今天的很多老板，还一直都只在中游赚价差。这是很令我担忧的！

前端让利，后端追销

经典案例

季总经营着一家汽车养护连锁店，可以说兢兢业业，每天都很辛苦，但是体量一直做不大，做了多少年也就三四家门店，每年只有两三百万元的总营业额。

汽车养护店最大的问题就是工作日的工作时间没有客户上门，生意十分平淡，只有在下午5时下班以后和周末，生意才会趋近于饱和。平时在没有客人的时间里，员工都懒懒散散，这是整个行业的通病，一时之间也没有办法改变。季总很迷茫，怎么样才能改变这种问题，让员工都动起来，让客户在工作日的白天也能进店呢？带着这样的困惑，季总走进了王冲老师的课堂，经过一年多的学习和老师的辅导，季总利用这四招，解决了员工流失、现金流枯竭等问题。

招数一：前端让利+后端追销。

第一步：充值100元洗车卡，赠送原价100元一次的汽车精洗项目6次。

第二步：洗车卡的使用时间在周一至周五的上午10时到下午5时之间。

第三步：当客户进店后，可以通过后端的汽车美容、养护、内饰、漆面、镀金等项目进行追销盈利。

招数二："傍大腿"。

第一步：在高级写字楼和商场的地下停车场开门店，直接获取精准用户。

第二步：与万达、吾悦等购物中心以经销商的模式进行合作，每家店拿出一定比例的提成给到购物中心的区域总监。

第三步：可以提前一年获得商场和写字楼的开业信息，提前对接，开业前直接签约就可以，免去寻找门店店址的烦恼。

招数三：薪酬设计。

第一步：将工资分割成门店的管理、业绩板块、客户的后端满意度等方面的综合评估。

第二步：把月目标分解到每一天，从做多少拿多少转变成帮员工把薪酬提升。

招数四：公司培训化。

第一步：将新店员工进行集中培训，统一标准和底线，提升整体能力。

第二步：集中培训门店内的项目操作流程，解决内部矛盾。

第三步：打通团队快速复制能力。

模式分析

不难想象，将这样的连环四招打出后，客户不进店、门店难扩张、员工没动力、现金流枯竭等问题都不再是问题。现实也的确如预期的那样，季总的公司一年就扩张了 12 家门店，仅洗车卡的营业额就达到 1000 多万元。

这种促进客户提前消费的行为，目的就是扩大企业的现金流，因为有现金才有未来，有现金就有一切。但扩大现金流只是前端让利，关键在于客户进来后，后端的项目就可以进行追销。仍以肖总的汽车养护连锁店为例，收到的 1000 万元汽车卡营业额只是前端收益，虽然看起来是亏了，但是这部分让利可以实现后端更大的收益。也就是在招数二“傍大腿”中，当然各家企业后端追销的方式均不同，但毋庸置疑的是经营利润的成倍增加和现金流的越发充盈。总而言之，前端让利，后端追销，就是利用“引流卡”吸引客户进店，利用直接让利诱惑客户做后端充值。

因此，模式设计很重要，但模式的“转型”“创新”是无法“模仿”的，是需要对症下药的。客户价值是商业的本体，商业的核心是客户价值，因此，客户既是起点也是终点。在企业中怎么应用呢？王冲老师将这套打法称之为“工业化产业链打法”。什么是工业化产业链？就是把价格让给客户，然后联合后端，通过商业创新让整个链条赚别人看不到的钱。这就是老板们要学会的从前端往后端走。

作者点评»

老板一定要明白，企业要做大，3 年时间就可以了，制造业的老板 3 年时间翻 5 ~ 8 倍是没问题的。老板最大的悲哀是战略不清晰，就是不知道要干什么，所以只要战略清晰，自然就明白了。什么叫战略清晰呢？简而言之就是一个“量”，所有的表面的、前端的利润都不要，甚至可以亏，目的就是先把量干起来，后端就可以“持量行凶”。

我现在明确告诉你，我每卖一个 199 元亏 100 元，我前端是赚还是亏？亏。但是我的后单，已经获得了盈利的空间。算一算：目前线上和线下的收入是 1∶10，线上每做 100 万元业绩，线下对应的就是 1000 万元。所以，一些老板为什么不敢放弃前端的钱？是因为你不知道后端的钱从哪里赚，你没有找到新的盈利增长点。

16. 系统驱动现金流模式

老板无论有多少产业，都必须记住做产业规划，建成自动自发的现金流系统，用低利润的行业做现金流，用现金流去创造高利润。

——王冲

建立自动自发现金流系统

经典案例

本节故事的主人公周总，从事空气净化机以及“世界长寿之乡”的巴马水的生产与销售。水这个品类，在市场上张口就能说出来的知名品牌不下10种，有卖品牌的，有卖情怀的，有卖产地的，也有卖健康的，可以说十分惨烈。市场份额就那么大，基本都被几个大众熟知的品牌瓜分了，想要异军突起可不是件容易的事。周总一直不满足于现状，想要把市场铺开，占据更大的市场份额。然而坚持了两三年，不仅市场占比没有大变化，且传统的代理商模式运作，让很多代理商都积压了大量的库存。水卖不出去，代理商的投诉越来越多，如何能让产品被更多人使用？如何能让代理商没有库存？一大堆的问题困扰着周总。

为了解开经营的死结，周总学习了很多课程，但都收效甚微。直至一次推广活动，周总认识了王冲老师，经过半年的学习和辅导后，周总将所学运用到公司经营中，效果立竿见影，短短一年的时间，水项目发生了天翻地覆的改变。

周总的做法如下：

首先是去库存，这是经营的当务之急。原本周总设计的是直接收取100万元代理费，学习之后将一次性收取改变为分解制，即将100万元代理费进行分割。再将原本300万元的货分割成30个10万元的卡，再将10万元的卡分解成 15 张 1 万元的卡，再将 1 万元的卡分解成 5 张 3600 元的卡。如此层层分解的目的是从过去“卖货”，变成现在“卖人”。

然后是吸引客户主动办会员，为此周总设计了“福禄寿禧”会员卡。只需交 3600 元就能成为福卡会员，同时送价值 4325 元的水。

办理会员一定要搭配赠品，才能有更好的引流作用。周总规定客户成为福卡会员后，即赠送会员管理系统，拥有独立商城系统。同时，赠送 180 积分，产生消费即赠送积分，可 1∶1 兑换商品。并附四天三晚豪华巴马长寿游。

有了上述的层层分解与会员搭配赠品的制度后，实现分享裂变就更加轻松了。周总的设计是，客户投资 10 万元成为水务中心，含 10 万元的水 + 30 张福卡。每个“水务中心”推荐一个“水务中心”，奖励 2 万元（推荐 5 个“水务中心”即可回本），并层递奖励每位会员续卡金额的 5%。

周总将自己的一系列设计称为“建道场”。即在各城市开招商会招收会员，主推福卡；将会员引流到巴马旅游参观游玩；在巴马招商会现场推广水务中心。

通过一些“见道场”商业模式运作，在短短的一年时间里，周总已经招收 42 个市级代理商，100 多个水务中心，会员数过万，组织巴马长寿游 5000 多人次，从原来每月 100 多万元的营业额到现在的 1000 多万元。

模式分析

通过对上述案例的详细阐述，你是否发现了这种“建道场”的商业模式能够获得成功的根本动力？其实就在于可以促进现金流的自动自发式获得与增长。

将 300 万元的货由大分解为小和 3600 元的福卡会员，是让现金流的大海“终须纳细流”的综合体现。赠品则让涓涓细流奔腾而至，“水务中心”

则是让溪流汇聚成的现金流大海彻底澎湃起来。

这一系列“组合拳”真正地实现了，让代理商不用卖货，让合伙人现金回流，让门店没有库存，让消费者消费升级。

看到这里，你有没有受到启发？如果你想解决现金流、客流、去库存等问题，想改变你的企业现状，就必须创建自动化、可持续的财富流的底层逻辑。

比如，亚马逊的“云服务”，公司内部的工作人员打造了一套“云存储”平台，就像一个超巨型的网络硬盘，用户随需购买，把海量的数据与网站代码存储在这个网络硬盘上。用户一旦使用，就难以离开，因为数据与代码搬迁是成本巨大的消耗，所以不得不持续付费。

比如，菜鸟驿站就是一个非常常见的现金流资产，普通人会想着自己做，通过自己的劳动赚取利润。而富人同样经营菜鸟驿站的话，则会建立一套规则，请人经营，扣除房租水电、人工后，剩下的就是他想要的现金流收入。

作者点评»

不再将水视作产品，而是用水作为载体去运作企业的现金流，去运作企业未来的钱和社会的钱，并用使用权和收益权来融所需要的钱。

在做好服务的同时，赚取更高利润或者更多的钱，所以大家要明白，你的竞争对手为什么敢降价，甚者不赚钱，更有甚者赔钱来做生意，就是因为他有一套可以自动自发的现金流流入系统。但你不知道。所以千万不要盲目地跟风，别人打价格战，很多生意并不是靠差价赚钱，而是现金流赚钱！

买企业就是买企业的现金流系统

经典案例

做茶叶的公司，一定需要茶叶。有一个茶叶公司的老板，不仅做自己的生意，还成立了当地的“茶业总商会”，把当地400多家茶叶公司一网打尽。

凡是加入这个商会的企业，都被要求开一个招商银行的账号。400多家公司一年的合计销售额约为100多亿元，当所有企业的对公共账户都放在招行，好处立刻显现出来。

第一，作为商会会长，这位老板拿着这些钱（其实是销售额），让招商银行直接给该商会授信100亿元。有“商会”作为后盾，有100多亿元销售额作为前锋，坐镇中军的商会会长同招商银行的谈判非常顺利，当地招行行长也绝对不会放过这样的大客户，于是100亿元授信达成了。

第二，该商会旗下的所有企业在购进茶叶的主动权方面都非常有优势。以购进铁观音为例，因为背后有银行的100亿元授信，且因为是抱团采购，既可以要求大幅降低价格，也可以要求账期延后。如果提前给他钱，不仅价格可以低至5折，账期还可延后3个月。

这样，该商会即可从银行贷款提前将货款打给供应商。为什么选择贷款行使付款呢？想一想，贷款的利率是多少，而供应商可以将货款打5折，商会旗下的企业是不是赚得更多了！

模式分析

系统驱动模式最厉害的地方就是其中能够达成“自动自发的现金流模式”。也就是系统驱动模式作为整体，而“自动自发的现金流模式”作为内核，内核生生不息，整体就能永久存活。

在上面的案例中，以一家企业的力量难以形成系统，而没有系统就无法打通银行这个渠道，没有银行的助力，自动自发的现金流模式就难以做成。将当地 400 多家企业联合在统一的商会之下，力量就从分散变为了集中，用销售规模达到百亿元的一个整体，去和银行谈判，去和供应商谈判，都会达到系统性的驱动力。银行不会放过这样的大客户，供应商也不会放过这样的大客户，于是该商会旗下的企业共同从银行处得到了现金流，又从供应商处节省下了现金流。且银行给予的 100 亿元授信的背书，在任何情况下都能为该商会争取到更多的利益。这种情况下，该商会旗下企业的现金流便都充盈活跃起来，背靠商会这棵大树，所有企业都活得非常滋润。

只要有现金流量在手，就有机会熬死竞争对手，逐渐掌握越来越多的市场和利润。因此，老板要学习，首要就是学招商、学融资、学产业链、学系统驱动力，这才是老板该掌握的学问。

工资结构怎么设置？奖金分红怎么发放？绩效怎么制定与实施？这是总经理的学问。如何激发团队、如何赚取利润？这也是总经理的学问。如何扩大市场？如何维护客户，然后提升业绩？这是经理、总监的学问。老板的学问就是学招商，因为只有正确、及时、可控范围内的招商，才能给企业带来现金流。

企业可以没利润，但一定要有现金流系统。员工的轨道是目标，经理、总监的轨道是业绩，总经理的轨道是利润，董事长的轨道现金流。一家企业没有业绩不会倒闭，没有利润也不会倒闭，但只要没有现金流就必然会倒闭。

看看那些活跃在各级融资市场中的企业，尤其是种子轮、天使轮、A轮、B轮融资的这些企业，大多数都是不盈利的，但就是能吸引投资者带资入场，帮助他们把盘子做大。为什么？因为投资者从这些企业的经营模式中看到了可以获利的核心希望——现金流优势。也就是说，只要让这些企业具备足够大的现金流，哪怕只是暂时性炒作概念，这些企业仍然具备极强的聚金能力，只要还有后续资金入场，那么先前入场的资金就有机会获利离场。但因为这些企业一直保持着巨大的现金流优势，便一直具备聚金的能力，往往前期入场的资本也不会轻易退出，就会让这些融资企业的规模越来越大，现金流越来越充足。

作者点评»

你干你的利润，我干我的现金流，最终想赚利润的公司卖给做现金流的公司，买企业就是买企业的现金流系统。持续不断的现金流比利润重要，赚利润的公司会因为没有现金流而一定跟现金流合作，有现金流的公司不一定和利润公司合作。京东到现在不一定赚钱，但是京东的现金流很充沛，京东已经建立起自动自发的现金流系统，京东有数百家关联公司，每一家公司都具有强大的聚金能力。所以老板不一定要靠利润赚钱，有现金流，赚钱的路径才会很长。

有没有赚钱的公司倒闭的？太多了，你不要以为你的企业赚钱就不倒闭，你是在所有供应链中的一环，上下游出问题，即使赚钱也会倒闭。所以，老板必须记住，没有业绩不一定倒闭，没有利润也不一定倒闭，没有现金流的企业一定会倒闭。老板要抓的核心就是持续有现金流，只要有现金流就都有机会，熬死竞争对手，所有的市场和利润都是你的。

通过跨界投资赚取高额红利

经典案例

一家健身房，老板虽然勤奋刻苦地宣传、付出，努力经营，但始终不见起色，就是半死不活地维持着。在系统地学习了王冲老师的课程后，萌生了跨界赚钱的大胆想法。老板做了一个健身 App，邀请一些专业的帅哥美女健身教练，录制一些针对健身“小白”的简短、易学且适用的短视频健身课程。

因为这些视频都是免费的，帮助用户解决了需要去健身房才能解决的专业教练的烦恼。用户跟着这些教程训练，只要自己不偷懒，基本都会有一些效果。这些短视频教程上线后，受欢迎程度逐渐增加，播放量一般都几十万到一两百万之间，最多的达到千万播放量。

经过在线教程的不断拉新获客，仅一年的时间，这家健身 App 应用的注册用户数量就达到几千万，月活跃用户也已上千万。

虽然短视频健身课程非常受欢迎，但老板却并不打算走课程收费的老套路，而是通过课程吸引用户，实现跨界赚取收益。

老板的设计是，为已经提高的非“小白”用户录制收费的健身课程视频，训练周期为 30 天，收费标准是 1000 元。当用户按照教程完成一个月的训练后，所交的 1000 元将全额返还给用户，而且还给用户 7% 的年化收益。对于没有按照教程完成一个月训练的用户，到了一个月时也照样将 1000 元返还，但会减扣极少的服务费（具体扣费标准视用户的完成度而定，但最高不会超过 1000 元的 10%）。由此可见，减扣服务费的目的也不是为了赚钱，而是为了督促用户好好训练。

对于用户而言，免费学健身还能附带赚钱？这种好事打着灯笼都难找，一下子吸引了相当庞大数量的用户付费学习课程。

无论是免费视频，还是收费视频，因为都是线上课程，所以一个人看和 100 万人看，成本都是一样的。即成本不会随着经营规模扩大而扩大，因此可以忽略掉。但是，这家健身 App 的注册用户有几千万，月活跃数都在千万级别，哪怕只有 10% 的用户报名免费 + 付费课程，也将达到 100 万人以上，如果这其中也只有 10% 的用户报名付费课程，亦可达到 10 万人以上。一个课程收费 1000 元，那么这家健身公司一个月账上定期的现金流不会少于 1 亿元！

既然要做跨界收益，自然不会让这 1 亿元躺在账面上睡大觉，到时候再将每笔 1000 元返还用户，那样就真的成了赔本赚吆喝！这位老板的做法是将这些钱拿去金融理财。因为公司的账上永远至少有 1 亿元，理财可以获取收益。至于能收益多少，就看公司的操作了，收益高的可以超过 20%，但平均也能达到百分之十几，因为公司的本钱多，本钱多在金融理财市场上就意味着更容易赚到钱。但是，公司只给用户 7% 年化收益，中间就是公司能赚取的利润差。

所以，这家公司的免费课程就是为了给付费课程打下用户量基础的“鱼饵”，而付费课程又是理财产品的“鱼饵”。

模式分析

我们对上面案例的总结可以用一句话概括：逆向盈利思维，本行亏本去赚现金流，通过跨界投资赚取高额利润回报。

为什么这家健身公司能将跨界做好呢？就是因为他们掌握了做好金融理财产品的核心要素——现金流。很多人会问，为什么不直接赚取课程的收益？这样一次就收入上亿元，也很好啊！看起来，一次能赚上亿元，是非常大的诱惑。但会不会永远都有上亿元可赚呢？如果有一天，客户开始大量流失怎么办？在这个什么都快的时代，今天企业还欣欣向荣，明天就可能被客户抛弃了。

所以，一定要想办法将用户长期留下来，那么最好的方式就是免费。让用户在免费中获得想要的好处，又在免费中获得意想不到的收益，这样的情况下，就是赶用户走，用户都不会走。这家健身公司，让用户在免费中获得想要健身的好处，还在先付费后免费中获得7%的年化收益。因此，该公司对于用户具有高度黏性，用户愿意留下来继续获得收益，也愿意以隐性第三方的身份链接理财金融产品。如果其中的一些用户恰好想做理财呢？正好帮其实现了。因此，对于用户而言，健身和理财成了一回事，想要理财，那就健身，想要健身，就得理财。

原本这位老板的经营模式就截止在跨界投资上，但在王冲老师的进一步指导后，又针对其拥有大量精准健身用户的优势，搭建了一个商城，在其中销售健身人群需要的设备、服装、有机食品等。所以，大家可以发现，高手干项目都是一环扣一环的。顺便把自己的项目包装得很吸引人，但用户又摸不透。

这个世界只有你看不到的，没有你想不到的，传统企业还在赚差价模式，当你带着跨界商业模式去竞争，传统企业将一点还手之力都没有，所以不学习的企业注定被淘汰。

当然，要实现这种跨界赚取高额利润，必须先在企业内部做好梳理，也就是要在企业内部建立一个秩序，然后将这个秩序延伸到企业之外的整合行业，通过裂变形成一种常态化。那么，企业内部的秩序和外部的裂变常态化是如何形成的呢？简而言之就是通过四大系统实现的，各系统各司其职，目的就是让企业在不断裂变中，形成自跨界，然后赚取无法估量的利润，如图 16-1 所示。

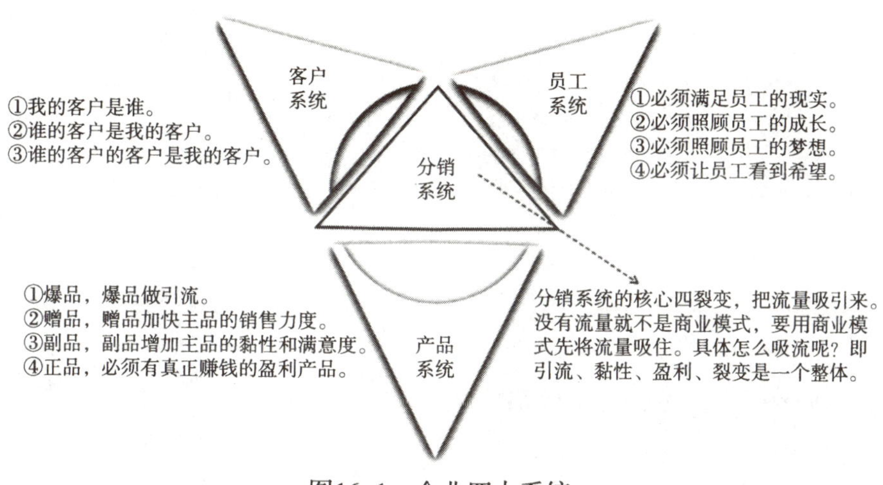

图16-1　企业四大系统

引流之后要把用户黏住，黏完之后要产生变现，盈利之后要把它裂变。腾讯就是这样的系统，用 QQ 和微信做免费引流，提供给用户相互交流的平台，还支持用户支付，将用户黏住。微信的微众银行在互联网上推两个产品，微业贷和微粒贷，利息 9.5% ~ 18%，这钱都是用户的零钱。微信的裂变很直观，我给你发微信，你没有微信就看不到；我给你转钱，你没微信就不能接收。你必须跟我一样，也就是跟大家一样，所以自动裂变。

作者点评

把这个钱拿去投资收益更高的金融产品或者项目，或者买股票，等等。如果做得好，很少伙伴退出，那么这 10 万元钱就有更久的使用权。再说，有人退出，肯定也有人加入进来，对于运作项目的人，运作的不是产品，而是金融。

如果这个行业的利润率很低，那就不要赚钱了。用这个行业来做现金

流，把现金流做大之后去高利润的行业。做生意的人肯定不是为了亏钱，所以拿到大量的现金流干什么？投资利润率更高的企业，甚至成为第二大股东。

17. 降本增效现金流模式

一个没有成本水平的老板是没有资格做大老板的。成本不是为了降价，也不是为了获得更高的利润，这都是假象，真相是我掌握了成本，我就可以用我的成本去更好地打击竞争对手。

——王冲

强化联营和直管，减少直营成本与风险

经典案例

王冲老师的学员中，有一位是知名连锁餐饮企业的老板，拥有数十家直营店。在发展的早期，凭借优质的服务和美味的菜品，在市场上赢得了良好的口碑。然而，随着市场竞争的加剧和成本的上升，公司方面发现直营店的经营压力越来越大，因为直营店占据了庞大的成本，导致利润增长缓慢，公司现金流市场告急。缺乏现金流的公司等于始终在刀尖上跳舞，说不定哪一天就再也跳不起来了。

为了缓解经营成本压力和同时而来的现金流压力，这位老板苦苦思索改善公司的路径。就在他苦思未果时，有幸遇到了王冲老师，从听课到学习的过程仅仅一月有余，他便摸索到了扭转公司经营压力的好方法，就是将部分直营店转变为联营店或直管店。

但想归想，做归做，想得再好，真正做的时候困难一个接一个。为了将这项工作做好，这位老板求教王冲老师，希望老师能帮助自己的企业在转变过程中平稳着陆。王冲老师在分析了该公司的实际情况后，告诉这位老板，做这样的店铺经营模式转型是正确的选择，但要想将这一步走好，必须围绕现金流做文章，也就是一切的行动规划都必须将现金流拉动起来，否则做了也是白做。在具体的转变过程中，老师给出了如下办法。

一是筛选店铺。该公司先对现有直营店进行全面评估，挑选出地理位

置优越、客流量稳定、经营状况良好的店铺作为转变的对象。从能汇集流量的店铺做起，有助于这项工作的整体铺开。

二是合作伙伴选择。在筛选出合适的店铺后，该公司积极寻找有实力、有经验的合作伙伴。通过市场调研和商务谈判，最终确定了几家具有良好信誉和合作意愿的企业作为合作伙伴。引入合作伙伴，既可以缓解企业的经营成本压力，也可以引入更多的活跃现金流。

三是合同签订。在与合作伙伴达成初步意向后，该公司与合作伙伴签订了详细的合同，明确了双方的权利和义务、经营模式、利润分配等关键条款。

四是店铺改造。在合同签订后，该公司投入资金对选定的店铺进行了改造升级，以提升品牌形象和吸引力。这一步的成本还是要投入，但要让被转型的联营店和直管店的拥有者实际投入，也就是让合作伙伴投钱。

五是人员培训。为确保转变后的店铺能够顺利运营，该公司还对店员进行了系统的培训，包括服务技巧、菜品知识等方面。这一步的工作需要公司方面来做，这是联营店和直管店能够经营顺利的保证。

有了王冲老师的出手相助，该公司的转型之路走得非常平稳。在直营店转变为直管店或联营店后，该公司的经营成本得到了一定程度的分散。直管店拥有者和联营店拥有者承担了部分成本，合作伙伴企业又承担了一部分成本，综合而言减轻了公司的经营压力。

模式分析

很多老板总是想搞直营，认为直营的店铺都是自己的，这样企业的规模才是真的做大了。周黑鸭在高峰时期在全国有 700 多家直营店，却并未如预期那样可以纵横鸭脖市场，而是输给了另外一个卖鸭脖的——绝味，因为绝味在全中国有 12000 多家加盟店。当周黑鸭醒悟过来，也想做加盟店时，已经来不及了。

有人会问，加盟店和直营店有什么区别？不都是企业旗下的店铺吗？当然有区别，终端门店有六种形式，分别是直营、联营、直管、加盟、联盟、批发，这个前后顺序不能乱，也就是终端门店的等级座次。

虽然终端门店的座次分等级，但并不意味着经营等级高的终端就一定对企业有利，经营低等级终端的企业就一定干不过经营高等级终端的企业。绝味就是凭借经营第四等级的加盟店成为国内鸭脖领域的龙头老大，而周黑鸭坚持经营第一等级的直营店，市场却逐渐在萎缩。

这个世界上的渠道有很多，对于企业而言，只有一种选择是对的，即不管找什么渠道，只要能汇集流量和销售产品，就是对的。

为什么现在很多老板做生意会亏钱？因为绝大部分老板只会做两种终端，一是直营店，二是加盟店，对于中间的联营店和直管店却很少去关注。但正是这两种终端能帮助企业节省经营成本，又能不失去企业对终端的掌控力。

麦当劳绝大部分是直管店，由投资人投钱，由公司做运营管理。两不相干，投钱的不管事，管事的不投钱，却被一个目标捆绑在一起。经营得利了，大家一起分钱。所以，投资者投入500万元开一家麦当劳，但无须亲自经营管理，只是将500万元交给麦当劳就可以了，由麦当劳派人来经营这家店铺，产生的收益各方划分。

联营店在经营投入上不像直管店那么直接，全部由投资者出资。而是由公司出一部分钱，由投资者出一部分钱，再由公司出一部分人，投资者出一部分人，大家一起干，然后同样一起分钱。

看到这里，你应该能明白，为什么做联营店和直管店对企业最有利了。因为联营店可以让投资者出一部分钱，而直管店是全部让投资者出钱，这种经营模式对企业的成本压力就小了太多。企业节省的开店成本就等于汇集了一大笔现金流，而且未来继续做联营店或直管店，也不会占用企业的现金流。

作者点评»

直营店，全中国到处都是，不要老想着自己去开店，你要给店进行赋能，别人的店都是你的店，不要让这些门店所有权是你的，只要让这些门店能卖你的货，成为你的渠道不就好了吗?

你不要老想着这个店是你的，是你的吗? 你老觉得直营公司的员工就是你的，是你的吗? 老板记住，你有钱有权有势，江湖人都会变成你的人，你无钱无权无势，你的员工都会变成江湖人。

人均单产，让每一个员工产生价值

经典案例

在王冲老师的众多学员中，一位陕西做电力工程的同学的经历非常有代表性。在刚接触到王冲老师的课程时，他的公司有员工324人（包含非业务人员），公司销售额为每年3.5亿元左右。听起来是一家规模相当大的企业了，这位老板对自己的经营能力也很自信，因此最初他不想来听课，是他的朋友力荐他应该来听听，说不定就能有些帮助。

出人意料的是，仅听了一节，他就被王冲老师讲述的内容震撼了，不再需要朋友劝说，立即交钱继续听课。当听到第三节课时，“人均单产”的概念给他留下了深刻的印象。当知道王冲老师辅导过的其他类似企业，仅有百余名员工，做出的年销售量并不比他的公司少时，他有些急了，主动找到王冲老师要求“吃小灶”。

王冲老师很耐心地帮助他连续辅导了几个半天，从他作为老板开始，到公司的每一个部门的每一个岗位，并在谈完后列出一张表。这位同学便用从老师这里学到的东西，回去对公司进行了人员精减、岗位重组和责任划分。整个公司从324人缩减到210人（包含非业务人员），且这只是精减的第一步，未来他还要再次“精兵简政”至150～170人之间，达到“小而美”的目的。

别看人少了，但“人均单产”却提升了，因为部门目标清晰，岗位责任明确，个人奖惩分明，这 210 人干出的业绩比 324 人时足足多了 50%。看看，人数少了 34%，业绩却多了 50%，这一来一回之间，公司的纯利润大幅提高。因为纯利润里边也包含员工薪资部分，减少的 34% 的人力资源成本，对公司的成本压力是巨大的释放，而多出的 50% 的利润则是对公司现金流的巨量补充。且因为公司整体形成了高效的工作模式，未来企业的利润率还将增加，该公司正式打通了降本增效的关节。

模式分析

通过上面的案例讲述可以看出，不是人多就能干大事的，只有人真正在自己的岗位上有价值，才叫能干大事。因此，一个没有成本水平的老板是没有资格做大老板的。

王冲老师对民营企业的病一摸一个准，几乎在任何企业，王冲老师的团队都能再扣除至少 20% 的毛利。因为太多的民营企业都没有真正实现降本增效，然而降本增效又是民营企业的战略定位和生存之道。

在王冲老师的公司，只考核“人均单产”，从来不考核业绩。任何一个小组，只要人均业绩一个月低于 3 万元，此团队解散，人均业绩高于 10 万元才能继续生存，也才能有招聘人的权力。

任何行业都有各自应该遵循的“人均单产”的底线。例如，服务业的人均单产是每人每年 100 万元，某服务公司有员工 50 人，则该公司一年最低销售额是 5000 万元，做不到 5000 万元便赚不到钱。再如，制造业的人均单产是每人每年 200 万元，某制造公司有员工 50 人，则该公司一年最低销售额是 1 亿元，做不到 1 亿元便赚不到钱。

如果做不到怎么办？非常简单，降本增效。把企业的成本立刻降下来，首先就是让该留的人留，让该走的人走。什么人该走，什么人该留，三句话解释：谁给企业结果，谁留下来；谁给企业流量，谁留下来；谁给企业

客户，谁留下来。给不了这三样的，都应该离开。

做不到降本增效的老板，就不是在经营企业了，只不过是替员工打工而已。成本不是为了降价，也不是为了获得更高的利润，这些都是假象，真相是掌握了成本就等于掌握了大量现金流，现金流是支撑企业获得竞争优势的深层基础。因为有了充足的现金流，就可以进一步用成本去更好地打击竞争对手。

因此，成本是老板的战略，不是战术。老板的第一战略是选择老板，第二战略是成本。一个没有成本水平的老板是没有资格做大老板的，能把企业做大，就必须关注成本。

作者点评 »

很多公司看起来很红火，老板却没钱赚。我从来不干这种事，我做任何一件事都必须维护商人的最低底线，也就是紧抓“人均单产”。

降本比增收更能实现盈利，每降本 1 元，利润就实实在在地增加 1 元，但增收 1 元，再去除 80% 的成本以后，利润只剩下 2 角了。在供应链里，时间就是金钱，效率的提高可以带来更好的客户服务体验，同时可以有效减少库存的积压成本。举例来说，如某商品采购周期需要 5 天，即采购提前期为 5 天，则库房最低需要准备 5 天安全库存，以应对采购途中的订单需求。但如果采购效率能提高到 2 天，库房只需要准备 2 天的安全库存就够了，节省下 3 天安全库存，同时减少了库存资金、物流运输成本、仓储使用面积和仓储运作成本。综合而言，就是获得了更充足的现金流。

18. 资本运作现金流模式

没有最大，只有更大，资本运作是一种精心策划、灵活多变且充满策略性的经济活动。财富本身没有好坏，没有性格，运作得好，任何财富都可以实现正面价值，成为正面财富。

——王冲

“借鸡生蛋，以蛋还鸡”模式

经典案例一

假设有一家公司A，它具有良好的业务基础但面临资金短缺的问题。另一家公司B具有充足的资金和管理经验。B公司对A公司进行全面的评估，包括财务状况、市场前景和业务模式等。根据评估结果，制订收购和重组的计划。B公司通过购买A公司的股权或资产，实现对A公司的控制。B公司对A公司进行重组，可能包括优化业务流程、调整管理团队、引入新的技术等，以提高A公司的运营效率和盈利能力。B公司可以通过多种方式融资，如发行债券、股票增发等，为收购和重组提供资金支持。同时，合理管理资金，确保资本的有效运作。通过重组和整合，A公司的价值得到提升。B公司可以选择在适当时机通过股权转让、上市等方式实现资本的增值和退出。

经典案例二

我的一个四川学员，他是个善于学习并有很多创业想法的人。但苦于没有足够多的资金来开展自己的业务。他注意到在当地比较繁华的街上有一家颇受欢迎的餐厅，生意非常好，但餐厅老板由于个人原因打算退休，并计划关闭餐厅。我建议他租用餐厅的设备和场地，继续经营餐厅，并支付一定的租金给老板。这样，他就无须投入大量资金购买设备和租赁场地，而是借助已有的资源来开展业务。该学员利用餐厅的现有品牌和客户基础，通过创新的营销策略和优质的服务，成功地吸引了更多的顾客。他还对菜单进行了一些改进，推出了一些特色菜品，吸引了新的消费群体。随着业务的逐渐稳定和发展，他开始盈利。他将一部分利润用于支付租金给餐厅老板，同时也留出一部分资金用于业务的进一步扩张。

模式分析

以上案例是资本运模式中常见的方式之一，属于收购与重组模式。也被称为“借鸡生蛋，以蛋还鸡”的资本运作模式，其核心在于借助他人的资源或资金来实现自己的目标，并在实现目标的过程中逐步偿还所借的资源或资金，达到扩充自己现金流的目的。

“借鸡”指的是借用他人的资源或资金，如设备、技术、资金等，以启动或扩大自己的业务。而“生蛋”则是指通过利用这些资源或资金进行生产、经营或投资，从而产生利润或回报。“用蛋还鸡”则是指在获得利润或回报后，将这些收益用于偿还所借的资源或资金。这种方式既可以逐步减轻自己的债务负担，又可以保持业务的持续运营和扩张。这种模式的优点在于，它能够在不增加自身负担的情况下，迅速扩大业务规模或提升盈利能力。同时，由于所借的资源或资金最终会被偿还，因此也降低了自身的财务风险。然而，这种模式也存在一定的风险和挑战。首先，需要找到愿意提供资源或资金的合作伙伴，并建立良好的信任关系。其次，需要确保所借的资源或资金能够得到有效的利用，以产生足够的利润或回报来偿还债务。最后，还需要注意控制成本、防范风险，确保业务的稳健运营。当然，资本运作“借鸡生蛋”的模式，贵在“借”上，借钱、借力、借势、借关系等。关键还是要看这个“借”字怎么使用。

通过“借鸡生蛋”的方式，第二个案例中，该学员成功地开展了自己的餐饮业务，并在市场上取得了一定的竞争优势。他借助已有的资源和品牌，减少了初始投资和风险，同时也为餐厅老板提供了一种稳定的租金收入。以此方法，双方都得到了持续的现金流。

这个案例展示了“借鸡生蛋”的概念，即通过利用已有的资源和机会，实现自己的目标和利益。然而，在实际操作中，需要注意合法合规，与合作方建立良好的沟通和合作关系，以确保合作的顺利进行。同时，也要根据具体情况进行充分的市场调研和风险评估，以降低风险并提高成功的机会。

作者点评»

资本运作和股权合作是企业发展过程中的重要环节，二者之间的关系密不可分。资本运作主要利用市场法则，通过买卖企业和资产以实现价值增值和效益增长，其中可以包括连锁销售、资本孵化、民间合伙私募和互助式小额理财等多种形式。而股权合作则是企业或个人通过与其他投资者共同出资，投资于具有前景的项目，并根据出资比例分配投资收益的一种投资方式。

在资本运作的背景下，股权合作显得尤为重要。通过股权合作，企业可以引入新的投资者，为企业的扩张和发展提供资金支持。同时，股权合作也可以促进资源的优化配置，实现资源共享和互利共赢。

在资本运作过程中，股权合作的方式和策略需要根据企业的实际情况和市场环境进行灵活调整。企业需要考虑如何选择合适的投资者、如何确定出资比例、如何保障各方的权益等问题。此外，企业还需要关注资本运作的风险控制，确保在追求价值增值和效益增长的同时，能够保持稳健的财务状况。

资本运作旨在通过有效的资源配置和风险管理，实现资本的最大增值。首先，资本运作需要对市场趋势有敏锐的洞察力，能够准确判断投资机会和风险，从而制定出切实可行的投资策略。同时，资本运作还需要根据企业的实际情况和发展目标，灵活调整资金结构和使用方式，以实现最佳的资本配置效果。其次，资本运作具有高度的灵活性。它可以通过多种方式进行，如股权融资、债权融资、并购重组等，以满足企业不同阶段的资金需求。最后，资本运作还可以借助金融市场的各种工具和产品，如股票、债券、期货等，实现资金的快速流动和有效配置。

企业资本运作如何落地

经典案例一

我的学员 A 是做房地产开发的，他的公司有一块约 50 亩的住宅用地，但缺乏开发资金。而有一家建筑公司 B 有资金，但一直没有找到合适的土地。一家有现金流没有土地，一家有土地没有现金流，很快我牵线帮助双方达成了合作。他们采用的就是资本运作模式中“借鸡生蛋股权合作”的形式。刚开始合作的时候遇到了税收与法律的双重障碍，建筑公司 B 是房地产开发企业，在公司的土地投资过户环节需要缴纳巨额的土地增值税，B 公司在还没盈利的前提下缴巨额的税费无法接受。而 A 公司想要裸地转让也行不通，土地要想转让其工程必须完成开发投资总额的 25%。为了不让合作流产，于是我帮他们想到一个简单可行的方案，在 A 公司内部成立一个“C 楼盘项目部”，这个项目进行独立核算、独立运营，双方共担风险、共享利润，约定好管理权限和利益分配之后，得到了 B 公司的认可，合作开始启动。

经典案例二

以滴滴打车为例，该企业作为一个创新的互联网企业，目前加入滴滴打车平台的车辆约为 1500 万辆，每辆车以每天 1000 元的收入，一个月下来的资金沉淀是一个非常庞大的数字。这就是该企业非常成功的资本运作模式。过去，每天收入的1000元是给出租车司机，乘客打车100元，出租车司机现场收费。而通过滴滴平台，乘客的钱不是给出租车司机，而是给了滴滴这个交易平台。然后滴滴再按照自己的平台规则在一定的时间内给出租车司机进行结算。一般一线城市是7～10天，二线城市是10～15天，三四线城市是15～30天，由此放在平台的资金会产生溢价，由于庞大的车流量、人流量、钱流量，一起为滴滴平台带来了可观的现金流，使其成了中国估值第二的独角兽企业。

模式分析

资本运作的落地，案例一属于“借鸡生蛋”的资本运作模式，“鸡”就是拥有土地的A公司，“蛋”就是他们成立的“C楼盘项目部”，该项目部的形式不是法律意义上的公司，但是独立核算、独立运营，合作双方共担风险、共享利润。A公司和B公司协商了运营权分配，C楼盘项目部下设工程部、销售部、财务部等，然后双方针对C楼盘项目协商项目利益分配，其中25%的建筑面积销售权和收入归A公司，75%的建筑面积销售权和收入归B公司，支出和费用也由这样的比例两家承担。所以报批报建手续以A公司的名义进行；建设过程中所需资金由B公司提供。A公司缴纳自己25%销售权的税费，B公司缴纳拥有75%面积销售所得的税费。土地证没有过户，依然在A公司的名下，所有其他规证都办理在A公司的名下。这样一来，两个公司同时实现了资本运营的实际落地。

根据案例二的滴滴模式我们明白了资本运作的底层逻辑就是时间策略和空间策略，要么把时间延长，要么把时间缩短，要么在这个空间，要么在那个空间，时间延长可以使资金产生沉淀和溢价，把空间改变，可以产生平台型的模式，不再是个人对个人。

总之，资本运作的落地是一项复杂且具有策略性的工作，在时间策略上，企业根据市场趋势、经济周期和自身业务特点，选择合适的时机进行资本运作。例如，在经济扩张期，企业加大投资力度，以扩大生产规模或开拓新市场；而在经济衰退期，企业要注重资金回笼和成本控制，以应对潜在的市场风险。此外，企业还会关注政策动向和市场情绪的变化，以调整其资本运作的节奏和方式。

在空间策略上，企业要考虑地域因素和资源分布对资本运作的影响。这包括在不同地区或国家进行投资、融资和合作，以获取更多的市场机会和资源优势。例如，一些企业可能会选择在资源丰富或成本较低的地区设立生产基地，以降低生产成本并提高盈利能力；而另一些企业则可能通过跨国并购或合作，以获取先进的技术和管理经验，提升自身的竞争力。

作者点评

资本运作模式做得好，能够为企业带来持续不断的现金流，但新的问题又来了，那就是企业如何让资本运营落地呢？

资本运营借助两个策略，分别是时间策略和空间策略。

在时间和空间策略的制定过程中，企业需要综合考虑多种因素，包括市场环境、政策环境、行业趋势、自身实力等。同时，企业还需要建立灵活的资本运作机制，以便在市场变化时能够迅速做出调整。

想要通过资本运作模式获得现金流，离不开资本运营的实际落地。资本运营落地不仅有助于企业的规模扩张、产品结构的调整，还能优化企业的资本结构，盘活存量资本，甚至推动企业的体制改革和商业模式革新。通过有效的资本运作，企业可以获取更多的资金和资源，进而扩大生产规模，提高市场份额，增强竞争力。通过资本运营，企业可以更加灵活地调整生产线，优化产品组合，以满足市场需求的变化，提高盈利能力。资本运营能够盘活企业存量资本。这意味着企业可以通过有效的资本运作，使

原本闲置或低效使用的资本得到充分利用，从而提高企业的整体效益。

企业通过资本运作，如投资、融资、并购等活动，可以改变企业的现金流入和流出情况。例如，企业通过投资新的项目或购买资产，可能会产生新的现金流出；而通过融资或出售资产，则可以带来现金流入。企业在进行资本运作时，需要充分考虑自身的现金流状况。只有在现金流充足的情况下，企业才能进行更大规模的资本运作，否则可能会因为资金短缺而陷入困境。资本运作和现金流都是评估企业价值的重要指标。通过合理的资本运作和有效的现金流管理，企业可以提升自身的盈利能力和市场竞争力，从而增加企业的价值。

资本投资人赚钱的秘密

经典案例一

很多知名的企业也时有亏损发生，例如，京东不到十年亏损接近200亿元，美团也亏过上千亿元，滴滴五年多亏损500亿元，虽然这些企业亏损但并没有影响创始人的身价。京东刘强东身份接近2000亿元，美团创始人王兴身价1200亿元，滴滴创始人程维身价300亿元，投资这些知名企业的投资人更是没有受到企业亏损的影响，照样赚钱。

被誉为“中国天使第一人”的龚虹嘉，通过投资海康威视获得了超过2万倍的投资回报。这一成功案例不仅使他一战成名，还展示了天使投资的巨大潜力。通过投资比亚迪获得了超过5万倍的投资回报的夏佐全，成为目前中国最成功的天使投资人之一。夏佐全不仅具有独到的投资眼光，还善于利用投资回报进行再投资，进一步扩大了他的财富规模。小米的创始人雷军，也是一位成功的天使投资人。他投资了好大夫在线、和创科技（前身：图搜天下）等企业，这些投资为他带来了丰厚的回报。例如，他对和创科技的投资为他创造了270多倍的回报，狂赚5400多万元。在滴滴出行的初创期，王刚提供了关键的资金支持。在滴滴与快的合并以及后来与Uber中国的竞争中，王刚的投资得到了巨大的回报。这种回报不仅体现在财务上，还体现在滴滴出行在中国市场的领导地位上。

经典案例二

假设某公司的一个项目，投资人投500万元，占了10%的股权，该公司的估值就是5000万元，这时候公司还没盈利，如果A轮融资其他投资人投了公司5000万元，该公司让出20%的股权，公司的估值就是2.5亿元。如果天使投资人的股权还是10%，这个股权的价值已经翻了5倍，到了2500万元。这个时候公司可能还在亏钱，等到B轮融资，公司又拿到了5亿元的融资，公司又出让20%的股权，公司的估值就变成了25亿元。如果投资人这时候选择把股份都卖掉，那么最初投入的500万元就变成了2.5亿元的变现，如果公司上市以后投资人再卖，那么赚的钱就更多了。这就是资本的魅力，投资人赚的是股权溢价的钱，而不是公司的分红，投资人不是被某个公司的产品和利润吸引的，而是对他是否有值钱的项目更在意。投资者购买的资产在未来价格上涨时，可以通过出售资产获得差价收益。

模式分析

通过案例不难发现，资本运作既包括兼并重组、股权合作等这种被投资的模式，也包括作为投资人的主动资本运营模式。投资的底层逻辑始于一个基本目标：通过将资金投入不同的资产，使其增值，并产生持续的现金流。被投资的资产可包括股票、债券、房地产、商品、现金等，每种资产都有不同的特点和潜在回报。所以，资本运作模式最核心的是，我们还要知道投资人到底赚什么钱？

企业亏损和创始人或投资人个人身价不受影响这两个现象，实际上反映了不同层面的经济活动和结果。首先，企业亏损可能是由于多种原因造成的，如市场竞争激烈、销售额下滑、成本控制不善等。这些因素可能导致企业的营业收入不足以覆盖其运营成本，从而产生亏损。此外，企业的亏损也可能受到宏观经济环境、行业周期、政策调整等多种外部因素的影响。而创始人和投资人身价过亿，则主要反映了他们作为创始人和投资人个人的财富积累。他们的身价主要来源于企业的股权价值，以及通过投资、股权分配等方式获取的其他资产。

作者点评»

资本运作的有效实施和盈利离不开背后的投资人，而投资人赚钱的方式又和普通人想的不一样。任何一个能够通过资本运作赚钱的投资人都具备一定的投资策略、市场洞察力以及风险承受能力。在资本运作之前，他们通过深入研究公司的基本面，如财务状况、业务模式、市场前景等，来评估其内在价值。一旦市场价格回升或超过其内在价值，投资者便可以获得可观的回报。他们寻找那些处于快速发展阶段、具有创新能力和竞争优势的企业，并期望通过持有这些公司的股票来获得长期的资本增值。他们通过分析市场走势、技术指标等，判断市场的短期或中期趋势，并据此进行买卖操作。这种策略需要投资者具备敏锐的市场洞察力和快速的反应能力。他们通过买入低价资产并同时卖出高价资产，从中获取价格差异带来的利润。这种策略需要投资者对市场和价格变化有深入的了解和判断。

企业的亏损并不意味着投资人个人资产减少，同样地，创始人个人身价过亿也并不代表企业一定盈利。两者之间的关联性在于创始人作为企业的领导者，其决策和管理能力可能对企业的盈亏状况产生一定影响，但这种影响并不是绝对的。

所以，记住一句话，没有一个投资人是为了赚你分红的钱。你如果作为投资者，也要把目光放长远，不要计较有限的分红，而要重点关注那些具有较大市场空间、用户覆盖群体广、拥有可落地的商业模式的项目。

借壳上市，跑步奔向纳斯达克

经典案例

顺丰控股曾成功借壳鼎泰新材实现了上市，这个过程涉及了资产置换、股份发行以及控制权变更等多个核心环节。

首先，在资产置换方面，鼎泰新材与顺丰控股达成了重要协议，将其全部资产及负债与顺丰控股的100%股权进行了等值置换。这一置换过程中，鼎泰新材拟置出的资产预估值为8.1亿元，而顺丰控股的100%股权预估值高达448亿元。经过调整，考虑到顺丰控股的现金分红15亿元，顺丰控股的股权作价最终确定为433亿元。资产置换的差额部分，即425亿元，由鼎泰新材通过发行股份的方式向顺丰控股的全体股东进行购买。

其次，在股份发行环节，鼎泰新材在完成2015年度利润分配预案后，制订了股份发行计划。其股份发行价格定为10.76元/股，预计发行总量将达到39.5亿股。此外，为了筹集更多的配套资金，鼎泰新材还计划以不低于11.03元/股的价格，向不超过10名的特定对象发行股份，预计发行数量为7.25亿股，募资总金额不超过80亿元。

最后，在控制权变更阶段，交易完成后，顺丰控股的实际控制人王卫通过其控制的明德控股，在不考虑配套融资因素的情况下，将持有鼎泰新材64.58%的股份。若考虑配套融资因素，明德控股将持有公司总股本的55.04%。这一变化标志着明德控股正式成为鼎泰新材的控股股东，王卫也由

此成为公司的实际控制人。

通过以上这些关键步骤和数据的揭示，顺丰控股成功借壳鼎泰新材实现了上市，这充分体现了顺丰控股在资本运作方面的卓越能力和智慧。

模式分析

顺丰控股的借壳上市之路可谓一场精心策划的资本大戏，涉及资产置换、股份发行及控制权变更等多重步骤，展现了其高超的资本运作能力和对市场趋势的敏锐洞察。

这场大戏的开端是资产置换。鼎泰新材以其全部资产及负债与顺丰控股100%股权进行等值置换，这一步骤不仅完成了资产的重新配置，更为顺丰控股的上市之路铺平了道路。值得一提的是，顺丰控股的股权预估值高达448亿元，这一数字不仅显示了顺丰控股的强大实力，也预示着其未来在资本市场的巨大潜力。

接下来是股份发行。鼎泰新材在完成年度利润分配预案后，以10.76元/股的价格发行股份，预计发行数量达到惊人的39.5亿股。这一大规模的股份发行不仅为顺丰控股的上市提供了资金支持，也进一步提升了其在资本市场的影响力。此外，鼎泰新材还计划向不超过10名对象发行股份募集配套资金，预计募资总金额不超过80亿元，这一举措进一步增强了公司的资金实力，为其未来发展提供了有力保障。

然而，这场资本大戏的高潮在于控制权的变更。交易完成后，顺丰总裁王卫控制的明德控股将持有鼎泰新材大部分股份，成为公司的控股股东，王卫本人也将成为公司的实际控制人。这一变化不仅标志着顺丰控股成功实现了借壳上市，也显示了王卫及其团队对顺丰未来发展的坚定信心。

回顾整个借壳上市过程，顺丰控股凭借其高超的资本运作能力和对市场的深刻洞察，成功实现了从民营企业到上市公司的华丽转身。这一转变

不仅为顺丰控股打开了资本市场的大门，为其未来发展提供了更多可能性，也为整个快递行业树立了一个成功的典范。

作者点评»

顺丰控股借壳鼎泰新材上市的案例，不仅为快递行业树立了标杆，也为众多寻求上市的企业提供了宝贵的经验。通过对这一案例的深入研究，我们得到了以下重要启示。

首先，企业应高度关注国家政策及行业法规的变化。国家政策的支持对于拟上市企业至关重要，它不仅能够帮助企业获得投资者的青睐，还能为企业提供充足的资金支持，缩短上市时间，抓住市场机遇。顺丰控股的成功上市，正是在国家政策的推动下实现的。然而，政策并非一成不变，企业应时刻保持警惕，关注政策动态，以便及时调整战略，实现利润最大化。同时，行业法规的变化也可能对企业的上市计划产生深远影响，如我国证监会发布的借壳上市新规定，就对企业的借壳上市策略产生了直接影响。

其次，选择合适的壳资源是借壳上市成功的关键。在选择壳公司时，企业需要考虑原控股股东出售壳公司的意愿、壳公司的股本规模和负债水平等因素。顺丰控股之所以选择鼎泰新材作为壳公司，正是因为鼎泰新材符合其上市需求，且双方合作意愿强烈。此外，壳公司的股本规模和负债水平也会影响借壳上市的成本和风险，因此企业需要谨慎评估，选择最适合自己的壳资源。

最后，选择合适的借壳模式也是至关重要的。在借壳上市过程中，企业需要根据自身情况和市场环境，选择合适的借壳模式。顺丰控股选择了反向收购的借壳模式，这种模式下双方资产进行置换，业务处理方式简便，避免了收购方出现大额现金支出，降低了现金压力。同时，这种借壳方式也使得收购方股东和借壳方股东能够共享置入资产的增值和溢价收入，实现了合作双方的共赢。

综上所述，顺丰控股借壳上市的案例为企业提供了宝贵的经验和启示。在未来，随着资本市场的不断发展和完善，越来越多的企业将通过借壳上市实现快速发展。因此，企业需要深入研究借壳上市的规律和特点，为企业提供更有效的指导和支持。同时，也应关注政策变化、选择合适的壳资源和借壳模式，以实现自身的快速发展和市场的持续繁荣。

IPO新规解读及应对策略

经典案例

在当今经济蓬勃发展的大环境下，企业上市已然成为一种广受欢迎的融资方式。IPO，即首次公开募股，是企业将自身股份首次在证券交易所公开发行，并借助市场机构从公众处筹集资金的过程。

例如，小米科技曾成功在香港联交所挂牌上市，一举筹集超过6.1亿美元的资金，不仅在国际资本市场上获得了强大的资金支持，更助力其进一步加大研发投入，扩大生产规模，从而在激烈的市场竞争中占据更有利的位置；美团点评通过纳斯达克IPO成功募集超过42亿美元的资金，为自己提供了强大的资本后盾，使其能够加速拓展国内外市场份额，巩固市场领导地位，同时不断提升服务质量，推动业务创新与发展；阿里巴巴通过IPO在纽约证券交易所筹集了近250亿美元的资金，有助于自己在全球范围内展开大规模扩张，加大技术研发投入，提升品牌影响力，从而加速其在全球市场的布局与发展……

模式分析

上述这些成功的IPO案例确实为企业提供了一个高效、便捷的融资渠道。通过上市，企业能够吸引更多的投资者关注，增加资金储备，提升企业实力。同时，IPO 上市还能进一步提升企业的知名度和声誉，为企业的长远发展奠定坚实的基础。

但是，IPO 新规的实施，从源头上提高了上市公司质量，全面提升了上市门槛。在这种情况下，企业要想上市就必须充分了解新规有什么变化，并采取有效的应对措施。

2024 年 3 月 15 日，中国证监会密集发布四大关键政策，其中一项聚焦于首次公开发行（IPO），即《关于严把发行上市准入关从源头上提高上市公司质量的意见（试行）》（以下简称“IPO 新规”）。这项新规明确界定了交易所接下来审查的重点，主要包括对客户、供应商和资金流水的严格审查，对上市前突击“清仓式”分红的严厉打击，以及加强信息披露的监管力度。同时，监管层还将重点打击一些虽在行业内普遍但不利于投资者的现象，如对高价超募的严格监管。

从 IPO 审核的最新规策和标准来看，主要有这五个方面：第一，主板净利润门槛 1 亿元；创业板净利润门槛 7000 万元。第二，科创板第五套标准申报原则上不受理。第三，IPO 项目动态控制，转为北交所申报增多；再融资不是彻底停止只是收紧。第四，“吃穿住”在审拟 IPO 企业基本会被劝退，未申报的暂缓受理。第五，公司或实际控制人有过资本市场不良记录或有案底的，原则上不受理。

另外，IPO 企业被选中进行现场检查的概率也将有所提高，预计现场检查的覆盖率将不低于拟上市企业的三分之一。值得注意的是，自去年“827 新规”实施以来，IPO 标准已有所提升，尽管一些保荐代表一度认为随着后续上市速度的加快，上市标准可能会有所放松。但从此次的 IPO 新规来看，后续上市标准不仅不会降低，反而可能进一步增加。目前，监管部门正在研究提高上市财务指标，优化板块定位规则，旨在为市场提供更多优质且多元化的投资选择。

那么，在IPO新规的框架下，公司上市应遵循怎样的流程和步骤呢?事实上，企业IPO的基本流程大体相同，只是必须按照IPO新规的要求进行合法合规操作。企业若申请IPO并上市，需经历以下基本程序。

在前期准备阶段，公司要组建由内部关键人员（如董事长、财务负责人等）和外部顾问组成的上市工作小组；要聘请证券机构、会计师事务所、律师事务所及资产评估事务所等中介机构，协助进行上市准备工作。

在改制与辅导阶段阶段，要对公司进行股份制改革，明确股权结构，完善公司治理结构；中介机构要对公司进行辅导，包括财务、法律、业务等方面的规范，同时进行高管培训。

在申报与审核阶段，中介机构要协助公司制作上市申报材料，包括招股书、审计报告、法律意见书等；要向证券交易所提交上市申报材料；证券交易所对申报材料进行审核，提出反馈意见，公司和中介机构根据反馈意见进行补充和修改。

在发行与上市阶段，要确定发行价格，进行路演，向投资者推介公司；要通过证券交易所公开发行股票；要挂牌上市，即股票在证券交易所挂牌上市，开始交易。

在后续监管阶段，公司上市后需要遵守证券交易所的监管要求，定期发布财务报告，进行信息披露，接受监管部门的检查和审计。

上述是一个大致的流程，实际的IPO上市流程可能会因不同国家和地区的法规、政策以及公司的具体情况而有所不同。另外，企业从改制到发行上市所需的时间，将依据具体情况而定。一般而言，如果二级市场状况良好，政策环境稳定，那么发行上市的速度可能会较快；若企业基础扎实，须整改的工作不多，发行上市的时间也会相应缩短。

作者点评»

在当前的背景下，鼓励优质企业多上市并与新质生产力相结合是非常必要的。首先，上市作为一种融资方式，可以为优质企业提供更多的资金支持，加速其技术创新和产业升级，从而推动新质生产力的形成和发展。上市企业的转型和升级也是与新质生产力相结合的重要途径。通过加强科技研发和数字化转型，企业可以提升自身的核心竞争力，实现高质量发展。

其次，科技与数字经济的结合也是推动新质生产力发展的关键。科技是创新的源泉，数字经济则是其次，新时代的重要经济形态。上市企业应积极拥抱科技和数字经济的变革，将先进技术应用于生产和经营中，推动产业升级和模式创新。这样不仅可以提高企业的运营效率和市场竞争力，还能够为整个社会带来更多的经济效益和社会效益。

最后，培育更多的新质生产力企业对于中国经济的长远发展至关重要。新质生产力是一个创新主导的概念，它代表着一种摆脱传统经济增长方式和生产力发展路径的先进生产力质态。这种生产力质态具有高科技、高效能、高质量的特征，并且完全符合新发展理念的要求。它不仅是经济增长的重要引擎，更是推动社会进步和文明发展的重要力量。新质生产力企业是指那些具有创新能力和市场竞争力，能够引领产业升级和经济发展的企业。这些企业不仅能够推动经济增长，还能够带动就业、提升社会福祉。同时，社会各界也应积极支持和参与新质生产力企业的培育和发展工作，共同推动中国经济的高质量发展。

针对 IPO 新规下的企业上市，在这里提出以下四点建议。

第一，若企业实力雄厚，技术领先，业务稳健，现金流充沛，且未来 3~5 年发展无忧，那么不妨继续选择沪深 IPO，创业板、科创板或主板均可视情况而定。尽管 IPO 速度放缓，但上市后的市盈率和市场估值有望提升，为企业带来更大发展空间。

第二，若企业利润仅有一两千万元，建议谨慎行事，不要轻易尝试 IPO。北交所的上市门槛很高，且 IPO 周期的成本高昂。一旦启动 IPO 进程，想要中途停止将极为困难，因此务必三思而后行。

第三，若企业当前利润达到 5000 万元，此时须审慎评估自身实力。未来 3 年内，客户是否稳定？业务是否充足？最重要的是，现金流是否有保障？当前市场环境下，业务虽好做，但回款却成为一大难题。若未经充分准备便盲目冲刺 IPO，很可能导致上市失败，企业也将陷入尴尬境地。

第四，我们要认识到，许多企业曾豪言壮语地宣称要成功上市，但最终却以失败告终。因此，在决定上市之前，务必做好充分准备，理性评估自身实力和市场环境，切勿被一时的冲动所蒙蔽。